开放式创新

中国式创新实践指南

黄震————著

ZHEJIANG UNIVERSITY PRESS
浙江大学出版社

图书在版编目（CIP）数据

开放式创新：中国式创新实践指南 / 黄震著. —
杭州：浙江大学出版社，2020.10
ISBN 978-7-308-20505-4

Ⅰ.①开… Ⅱ.①黄… Ⅲ.①企业创新—研究—中国
Ⅳ.①F279.23

中国版本图书馆 CIP 数据核字（2020）第 159211 号

开放式创新：中国式创新实践指南

黄 震 著

策划编辑	顾 翔 程一帆	
责任编辑	顾 翔	
封面设计	VIOLET	
出版发行	浙江大学出版社	
	（杭州市天目山路 148 号 邮政编码 310007）	
	（网址：http://www.zjupress.com）	
排 版	杭州中大图文设计有限公司	
印 刷	杭州钱江彩色印务有限公司	
开 本	710mm×1000mm 1/16	
印 张	17	
字 数	315 千	
版 印 次	2020 年 10 月第 1 版 2020 年 10 月第 1 次印刷	
书 号	ISBN 978-7-308-20505-4	
定 价	52.00 元	

推荐序一
Preface

陈黎明
IBM大中华区董事长

创新在近几十年是一个热词,但据考证,这个词在 17 世纪和 19 世纪也曾红火,只不过其早期含义并不都是正面的。虽然这个词的历史并没有那么悠久,但是创新的实践一直伴随着人类社会的发展。

如果没有在 100 万年前控制和使用火,当时的人类就很难说是否能够成功进化为智人;如果没有 10 万年前语言的创新,人类之间的交流估计也和其他动物的交流一样咿咿呀呀,人类不能完整地表达自己的思想,只能向自己的同伴或是敌人发出简单的信号;如果没有 1 万年前的农业革命,人类估计还生活在采集捕猎的原始社会;如果没有几百年前蒸汽机的出现,绝大多数人都还被束缚在土地上,面朝黄土背朝天,为了填饱肚子而劳作;如果没有几十年前计算机的出现,我们很难想象数字世界会对人类社会产生如此之巨大的影响。

人类历史上无数的发明创造和制度、文化的革新,造就了今天的人类社会。贸易与分工、农业、造船、轮子、货币、制铁、语言、文字、法律体系、水能的利用、造纸、活字印刷、显微镜、电力、望远镜、引擎、灯泡、电报、石油和天然气的利用、电话、真空管、半导体、抗生素、量子物理、汽车、飞机、电视、DNA 的发现、集成电路、互联网、移动电话等，彻底地改变了人类的生活方式、交流方式、社会治理方式，提升了人类社会整体生活水平和质量，也极大地延长了人的寿命。

以上所举的例子，有的是发明，有的是创新，二者互为关联，但亦是有区分的。创新的意义在于，不断推动人类社会进步，实现经济、资源和社会的可持续发展。

党和政府给予创新非常高的定位，认为"创新是引领发展的第一动力"，"必须把创新摆在国家发展全局的核心位置"，倡导理论创新、制度创新、科技创新、文化创新等。许多发达国家也都出台了国家级的创新战略。大到国家，小到企业，创新对于提升自身的竞争力不可或缺。企业作为技术创新和商业模式创新的主体，需要透明和可预期的规则、知识产权的保护、公平和自由的竞争氛围，需要让"看不见的手"多发挥作用，而不是靠政府的扶持、保护及行政干预成长起来。

国家所倡导的自主创新绝不等于闭门造车、自己创新，事实上，很多的企业选择了开放式创新。开放式创新，并不意味着企业不能有自己的独门绝活，也不意味着对自己的知识产权不加保护。

有一句歌词是这么唱的："不是我不明白，这世界变化快。"现如今，我们生活在一个技术不断迭代令人眼花缭乱的时代，新的颠覆性技术、层出不穷的商业模式、不断加码的政府监管、品位越来越高的消费者都在要求企业思考，如何满足市场需求、完善企业治理、引领技术变革，不要成为时代的牺牲品。与此同时，技术间的融合越来越普遍，没有哪一家企业可以在所有的领域独领风骚。大企业往往流程冗长、决策迟缓、成本居高，在这种情形下，借助外力搞开放式创新就成为大企业的选项。小企业往往灵活敏捷、不为内部流程所束缚，遂成为创新的新兴力量，但是小企业往往规模较小、融资困难、缺乏知名度，打开市场尚需时日。因此大企业和小企业之间的合作备受重视。企业和大学、研究机构亦有非常好的契合点，与企业合作为将研究机构的科研成果转化为生产力和竞争力——而不是研究结束就将之放在一边——提供了绝好的渠道。企业通过各种形式,包括投资、并购、孵化、加速、风投、创投等融入开放式创新生态系统(以下简称创新生态系统)。

开放式创新的概念由亨利·切萨布鲁夫(Henry Chesbrough)教授在 2003 年提出,但事实上开放式创新的实践却有着很悠久的历史。事实上,历史上绝大多数重大的发明或创新都鲜少是由独立一人或一家企业完成,人们通常是站在"巨人的肩膀上",持续地探索、勇敢地试错、不断地完善,最终实现发明和创新的突破,从这个意义上来说,这是一个接续的过程。现如今,企业和大学及科研机构的合作、企业和政府的合作、企业间的合作都已经得到了普及。

本书作者黄震先生曾是我在 BP 工作时的同事。他是一位多才多艺、勤于思考、谦逊好学的人。几年不见,刮目相看。在过去的若干年里,他走访了许多的企业、大学和研究机构,有跨国公司,也有本土企业,有百年老店,也有后起之秀,掌握了第一手的资料,希望通过这些案例,给予读者一些分享和启迪。

2020 年 8 月 6 日于北京

推荐序二
Preface

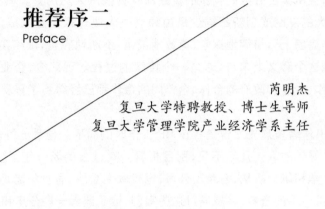

芮明杰
复旦大学特聘教授、博士生导师
复旦大学管理学院产业经济学系主任

一

我国正处在消费者对生活的要求越来越高,消费需求与消费习惯已经或正在发生巨大变化的时代,也处在以智能化、大数据、云计算为代表的新技术革命爆发的时代,消费上的变化与新技术革命将促进形成新型经济体系,即基于互联网的智能生产服务体系。这一体系的核心是,实现智能化、大规模、定制化的生产与服务,满足消费者全新个性化需求的新一代先进制造业。

目前美国、德国等制造业强国已经积极响应了此轮新技术革命,它们在积极引导世界在智能技术和制造方面的进步,引导生产方法与商业模式的创新,进而谋求在未来全球产业体系中成为强有力的领导者。所以当下中美之间的贸易摩擦,表面上看是两国贸易不平衡的问题,实质上是两国在新兴产业、先进制造业未来发展上的较量。近年来在创新驱动发展战略的指引下,我国先进制造业和新兴产业发展速度快且有成效,但目前在国民经济中的比重仍然较小,而且与发达国家相比有相当大的差距,部分产业的核心技术、产业链的核心环节都掌握在发达国家企业手中。在这样的全球经济与产业发展的背景下,我国在从制造业大国走向制造业强国的过程中,推进开放式创新显得十分重要。

我国先进制造业与新兴产业长期发展并不断提高竞争力的关键是技术创新与产品创新,创新驱动发展。企业是创新的主体,企业创新主要有两种方式:一种是封闭式创新,即关起门来自己研究创造;一种是开放式创新,即打开大门,让大家一起进行研究和创造。历史已经证明,只有实践开放式创新,企业的发展才不至于陷入停滞和危机,企业才能打破僵局和困境,变被动为主动,化压力为动力,重建竞争优势。中国制造业转型发展,应该继续扩大开放,坚持开放式创新。在产业关键技术与产业链整合方面,企业应该急国家所急,想国家所想,取得重大创新成果。

二

当我读到学生黄震的这本著作时,我很惊讶,因为开放式创新虽然是当今最重要的创新方式,但研究的人并不多,因为研究这个命题是有难度的,特别是在中国。他告诉我,近年来,由于他对企业的开放式创新问题感兴趣,便结合工作实践,以及工作之余的走访调研,思考和研究企业的开放式创新问题。黄震是个爱学习、爱研究的人,他在复旦大学求学 7 年,之后一直在多家业内领先的外资企业工作。外资企业的工作很是繁忙,他居然还能不断挤出时间,快乐地从事自己感兴趣的研究,甚是勤奋。

本书就是他前一阶段研究结果的总结。书中通过对许多企业——涉及科技、金融、汽车、制造等多个行业,包括外资企业、国内的行业领军公司、高校、研究机构、创业公司、加速器、孵化器在内的众多企业——进行调研观察,结合开放式创新理论,提出了企业实践开放式创新的基本框架。他认为:开放式创新知易行难,这不仅与企业家的心智相关,而且与实践开放式创新的时机和方法有关。通过思考和总结,他提出了企业实践开放式创新的五个进阶步骤和必须做好的四个方面,并在论述中针对许多实践中的难点,提出了自己的解决思路和方案,我觉得是具有参考性的。

黄震特别关注了近年来企业合作创新路径的发展。他发现许多领先企业在发展过程中都抱着开放式创新的心态,积极与大学、研究机构、创业企业进行合作研究,其目的是充分利用创新生态系统的优势资源,对先进技术不断进行消化,并在此基础上进一步创新,取得创新成果,从而形成跨越式的发展,保持长期领先。开放式创新对于使企业成功地成为"世界级"创新型企业是功不可没的。华为的成功其实就与它长期坚持开放式创新、坚持走全球合作创新的道路是分不开的。

三

我个人以为,"世界级"创新型企业是指,以重视技术研发和拥有核心技术为主要驱动力,拥有全球研发体系内的国际化研究团队,具备强大的开放式创新和持续创新的能力,整个组织的创新文化氛围浓厚,能够高效地整合企业内部和外部资源,适应市场变化能力强,创新成果具有强大辐射效应的企业。而华为,就是这样的企业。中国经济高质量发展和制造业转型、先进高端产业的发展,都需要一大批像华为这样的"世界级"创新型企业。

时下,中国企业恰逢一系列重大的发展机遇。第一个机遇就是,中国的消费者收入水平提高后,开始追求更好的生活,消费需求正在发生剧烈的转型升级。这给企业创造了产品升级、技术创新、服务提高,从而从价值链底端上升到价值链顶端的可能,提供了成为产业价值链控制者的可能。第二个机遇是,全球新技术革命大规模爆发,新产业、新业态、新模式、新动能显现,新经济形态将全面取代传统工业经济生产形态。如此,中国的企业家应该要有更具前瞻性的眼光,发展自己的预见思维,把握未来可能的机遇,防范可能的风险,实施开放式创新,进行全球融合合作,使我们的企业从优秀走向卓越,甚至发展成为中国的"世界级"创新型企业。

　　是为序!

2020 年 7 月 15 日于复旦大学思源楼

推荐序三
Preface

徐洁平
Plug and Play中国CEO

开放与创新就像太极中的阴阳两极,两者一体共生,相互促进。这种辩证关系与创新主体的实践活动紧密相关。创新的必然是开放的,而越开放则越创新。

为什么创新和开放有着天然的联系?这可以从人类的发展史窥得一二。

中东地区自古以来就是东西方相联系的交通枢纽,为"两洋三洲五海"之地。这一片自然形成的开放之地,成为了全球小麦、铁器和三大宗教——也就是人类最重要的农业创新成果、冶金创新成果和思想创新成果的起源之处。

河流带来航运,航运意味着开放,城邦贸易、族群征战和民族融合等推动了政经制度的创新,于是代表着人类政治经济制度创新成果的四大文明古国均诞生于大河之畔。

同理,代表中国古代创新巅峰的四大发明均诞生、完善于较为开放的战国、两汉、南北朝和唐宋时期。而明清以来闭关锁国,四大发明最终在本土停止了发展前进的脚步,却成就了当时更为开放的欧洲诸国的崛起。

从硅谷到全球,从西方到东方,Plug and Play(即联即用)在过去近20年中陪伴了数百家大企业和上万家创新企业共同探索科技创新的成功之道,我们也在实践中发现了几个有趣的现象。

首先,我们观察到,无论大小,那些诞生于硅谷的创新型企业在行为、思想和文化上都非常开放,几乎没有什么边界。比如谷歌,它做出了全球最大的搜索引擎、任命印度裔 CEO、领导开发了安卓系统,还成为了自动驾驶领域的领头羊。又比如特斯拉,这家具有硅谷工程师文化的造车企业,不仅造出了纯电动车,还同时经营着太阳能电板和储能设备。也许会有人指出,苹果公司打造的是一个封闭的而非开放式的系统,但我们也应该看到,今天硅谷地区开放多元的人口结构已经改变了苹果公司以白人员工为主的员工结构。毋庸置疑,苹果的持续创新成果来自开放多元背景下每个员工的努力。

其次,我们发现,前来寻求合作的知名大企业,来自汽车、能源、金融、保险、医药等行业,且大多是本行业全球排名前 10 甚至前 3 的公司。按理说它们历史源远流长、家大业大,于情于理,应该作为创新输出主体而不是创新获得受体,但事实却恰恰相反。

一方面,行业龙头企业为了保持领先地位,需要不断地挑战自我以免陷入发展停滞不前的怪圈,因此它们对颠覆式创新有更为迫切的需求,而实践颠覆式创新恰恰需要跨界。打破行业界限,首先就得做到最大限度的开放。自从 Plug and Play 进入中国市场以来,越来越多的本土行业龙头企业,以央企和国企为代表,比民企更为踊跃地加入创新平台中。这无疑印证了硅谷经验:产业创新必须走一条开放的道路。

另一方面,创新成功是一个小概率事件。十几年来,Plug and Play 通过开放式创新平台,为每家发布创新需求的大企业从全球几百家甚至上千家创新企业中层层筛选合作对象,但双方最终达成合作的比例一般仅仅保持在 2%~3%,在这个过程中会产生大量的试错成本。假如不走开放式创新道路,可能再大的企业,也无法完成这个任务。

综上,所有案例都指向了"创新的必然是开放的"这一结论,但这是一种通过自后往前地推导所得出的结果。创新本身更像"薛定谔的猫",在成功前,没有任何人能够清晰地看到路在何方。我觉得,只有越开放,才能越创新。

作为创新主体,尤其是大企业,只有尽可能多地开放资源平台、技术需求、投资机会、对话窗口等,才能换来更多的合作。

开放能有效减少信息不对称的情况。既然创新是思想而非手段,那么其实我们缺少的是正确创新的思路。有道是"书山有路勤为径",只有越开放,越多的实践和碰撞,才能收集到越多的有用信息,博采众长,最终形成自己的创新思路。

开放能够带来合作,而合作降低了创新风险,好比投资风控一样。假如创新目标很伟大,那它绝不是一人一骑、一朝一夕可以完成的任务。进入 21 世纪,国与国之间讲求多边对话,人与人之间讲求合作共赢。因此企业,尤其是行业龙头企业,只有做到开放,才能在创新之路上获得更多的支持,分散试错风险,迎来更大的成功的可能。

在过去三年,我很高兴和黄震先生在开放式创新的实践上有不少交流,本书也是他在过去实践开放式创新时的一些总结和思考,他的很多观点我也很认同。

是为序,希望大家读有所思,思有所获。

2020 年 8 月 8 日于无锡拈花湾

目录
Contents

引　言　开放式创新在中国　/ 1

第一章　开放式创新的缘起与中国机遇　/ 7

　　为何最顶尖的研究中心会错失改变世界的机会?　/ 9

　　神奇技术在哪里与硅谷的崛起　/ 12

　　欧洲最具创新力的 1 平方千米在哪里?　/ 16

　　以开放姿态应对突如其来的颠覆　/ 20

　　从山寨时代到深圳崛起,从中国制造到中国创造　/ 25

　　理论与真实商业实践的距离　/ 31

　　创新生态系统:两个重要的节点　/ 35

第二章　企业与高校、研究机构的开放式创新实践　/ 39

　　始于技术,但不仅是技术　/ 41

　　华为:联动高校,高效创新　/ 44

　　巴斯夫:通过 NAO 汇聚专业人才　/ 48

　　上海交大:破解科技成果转化的难题　/ 54

　　清华大学 x－lab:挖掘未来的创新之星　/ 60

第三章　企业与初创公司的开放式创新实践　/ 65

　　看起来很美,做起来很难　/ 67

戴姆勒：百年国际汽车巨头为何牵手年轻的中国创业者？ / 71

飞利浦：和创业公司的合作共赢之路 / 78

米其林：立足商业化和落地化的中国创新加速计划 / 85

默克：一家独特的科技企业在中国做起了加速器 / 91

法国巴黎银行：在中国"谋定而后动" / 96

宝马：初创车库，做初创公司的"风险客户" / 100

海尔：HOPE 平台背后的创新机制 / 105

博世：企业创新是否可以流程化？ / 112

冯氏集团：利程坊是如何发展并迭代的？ / 117

BP：如何快速融入中国出行领域创新生态系统？ / 125

第四章　开放式创新与企业的内部创新、转型升级 / 131

开放式创新外延的扩大 / 133

英特尔：科技巨头内的"斜杠青年" / 135

霍尼韦尔：为何会鼓励员工"脱产"搞创新？ / 143

华润集团："试一下"试出的产业加速器 / 148

上海仪电：老国企跳起新舞蹈 / 153

第五章　开放式创新的外部支持系统　/ 159

听起来很美,看起来很好,其实差异挺大　/ 161

微软加速器:不断迭代和更新的 B2B 平台　/ 165

Plug and Play 中国:硅谷范儿与中国洞见的碰撞与
融合　/ 175

中关村创业大街:大企业和初创企业相会在北京　/ 184

第六章　开放式创新的实践框架　/ 189

开放式创新为何知易行难?　/ 191

开放式创新的五个进阶步骤　/ 200

构建开放式创新文化　/ 208

打造和发展创新组织　/ 215

获取内部支持快速起步　/ 225

试错、探索与重构　/ 234

尾　声　再出发,十字路口的徘徊　/ 245

参考文献　/ 249

致　谢　/ 255

引言
Introduction

开放式创新在中国

2018 年 2 月，北京，理想国际大厦。

这是一次半年前双方都没有预想到的交流和会面。一方是几位 50 多岁的外籍高管，来自拥有百年历史的德国汽车巨头；另一方是几位 20 多岁的中国年轻创业者，他们创立公司还不足 4 年，但在 2017 年，他们的公司获奖无数，而且在市场占有率方面达到了中国第一。

一小时的交流之后，双方握手告别。在去机场的路上，我们作为战略支持方和那几位外籍高管进行了讨论，他们惊讶于这家公司扩张的速度之快，以及那几位年轻创业者的朝气蓬勃。他们说，他们需要更快，他们需要更加了解中国市场。

半年之后，这家德国汽车巨头的中国研发部门发生了很大的变化，特别在智能网联领域提出了"深度本土化"的口号。而那家创业公司,则陷入了重重危机,至今依然跟跑前行。

2018 年 12 月,上海,陆家嘴。

"我觉得张教授的这项研究成果不错,我们可以考虑和他合作,购买引进他的技术嘛。"听到某金融控股集团董事长的点评,我们顾问团队吃了一惊,在座该金融控股集团高管们的面部表情也显示,他们没有料想到。

在和该金融控股集团董事长开会之前,我们顾问团队根据要求准备了一些反映全球最新金融科技成果的内容,同时在其中介绍了香港某大学人工智能领域的张教授的最新研究成果。这项成果,是张教授在几个月前发表的论文中提到的。

几周之后,该金融控股集团的高级副总裁带队前往香港拜会了张教授。张教授也非常愿意和该集团开展进一步的合作。一个月之后,张教授带着其他几位教授和几位博士生来到了上海,开始了为期两个月的现场工作。

在本书成稿之前,该金融控股集团的高级副总裁告诉我,基于和张教授的合作,集团的风险控制体系有了很好的提升,公司正在和张教授进行下一轮的合作。同时,公司还引进了张教授的一位博士加入研究院。董事长也指示,在人工智能领域要加大研发投入。

2019 年 6 月,深圳,南山区。

我和来自欧洲的研发总监 G 先生乘坐一家中国创业公司的无人驾驶汽车进行体验。G 先生对这家创业公司的无人驾驶汽车赞不绝口,他说这些汽车绝对不输美国的顶尖产品,而且在识别许多"有中国特色"的交通工具——比如电动车、三轮电动车等——方面,还有非常卓越的优势。

我们计划和这家无人驾驶汽车公司进行合作,之后免不了许多内部的流程、汇报、答辩、论证,然后准备更多的数据和材料……

一个多月之后，就在我们进行内部沟通的过程中，一家日本企业已经捷足先登，和这家无人驾驶汽车公司签署了战略合作协议。

我们最终还是来晚了。

这是我在过去三年中经历的几个案例。在过去的几年中，许许多多类似的故事在中国的商业世界中一次又一次上演。许多大企业、大集团，甚至是跨国企业、跨国集团，纷纷打开了大门，开始走向外部，走向陌生的领域，它们将之称为"创新生态系统"——这其中有大学、研究机构，有创新企业，还有加速器、孵化器、投资公司。负责走出去交流和沟通的，有些是研发部门，有些是市场部门，有些是战略部门，有些是公司的投资部门……

做出"走出去"的选择并不是容易的，选择的背后，许许多多的企业高管们陷入了阵阵焦虑。他们对市场极度熟悉，他们和竞争对手"打"了大半辈子，但是却痛苦地发现，商业世界的底层逻辑正在发生着变化。

更加年轻的消费者让他们越来越看不明白，二三线城市的年轻消费者们更是"乱花渐欲迷人眼"。2020年《麦肯锡中国消费者调查报告》显示，二线及以下城市的年轻人涌现出来，成为新的消费生力军，具有很强的购买意愿。但是在北上广深等城市，消费群体已经开始更加理性、更加谨慎、更加注重性价比。以往用一个词就能轻易概括描述的"年轻消费者"群体，已经出现了巨大的差别，互相之间仅仅有些许的交集。

变化更加迅猛快速的新科技让他们越来越疑惑，而且百思不得其解。几年之前物联网、大数据、云计算热火朝天，转眼间机器学习、人工智能、智慧出行和新零售成了热门话题，而2019年大家又在纷纷讨论5G、区块链。对这些热门话题，众多的研究报告都在用颠覆、未来、趋势一类的词做似是而非的解释。当企业高管们刚刚似乎了解了这些名词背后的含义，正想在公司内展开讨论，看看这些新技术会对公司未来的战略、业务产生哪些影响之时，新的概念又扑面而来……这样的情况循环往复，还在继续。

更加迷茫的经济发展趋势及众多研究也让他们越来越恐慌，不知从何处起飞的"黑天鹅"、不知来自何处的"灰犀牛",则加深了这份恐慌。随着人口红利、互联网窗口红利渐渐消失,内外部环境发生巨大变化,中国经济不再高速和超高速发展已经是不争的现实。在这样的背景下,似乎在各个行业,赚钱都没有以前那么容易了,甚至是否还能赚到钱成为许多企业高管们担心的问题。知识付费及线上商学院等在线教育新方式又快速普及了那些以往仅限于象牙塔内的理论,于是柯达、诺基亚等所谓"失败"案例变得耳熟能详。企业高管们失眠的理由又多了一条:害怕被颠覆,而且是害怕被不知道出现在什么地方的什么东西用什么方式瞬间颠覆。

对消费者的陌生、对新技术的疑惑、对未来经济发展的焦虑,共同形成了众多企业家和企业高管们的恐慌。于是,他们孜孜不倦,上下求索。终于,有两个字如同黑暗中的一道闪电,让他们看到些许希望。

创新!

让我们探究一下"创新"的缘起和内涵吧。仔细翻阅被大家认为是"创新之父""创新理论鼻祖"的约瑟夫·熊彼特于 1912 年出版的《经济发展理论》,我发现熊彼特对创新的定义并没有出现在正文之中,而是出现在附录的"经济变动的分析"之中。他称"创新就是生产函数的变动,而这种函数是不能被分解为无限小的步骤的"。

而被大家引为经典的"创新的五种类型",在正文中被熊彼特称为"新组合",而且熊彼特所谓的新组合,既可以通过技术实现,也可以不通过技术实现。熊彼特描述说,"新组合"的实现称为"企业",实现"新组合"的人们则被称为"企业家"。

之后的研究者们对熊彼特的思想不断做延展,由此形成了近现代西方经济学上两个重要分支:一是将熊彼特的创新理论和新古典学派的经济理论结合,重点研究技术进步及技术创新,由此形成"技术创新经济学";二是基于熊彼特的制度创新理论,研究制度创新对经济发展的作用,由此形成"制度创新经济学"。这两个分支被统称为"新熊彼特主义经济学"。

从以上的描述我们可以看出，创新是一种思想和理论，并不是一种工具，单单从创新入手，是无法快速推导出解决问题的思路和方法的。更何况这一次的焦虑来自消费者的变化、来自技术的变革、来自经济环境的变化，这一切的一切已经超出了企业家和企业管理层现有的认知边界。

于是，走向外部，走向"创新生态系统"，是面对新问题的新尝试，是希望采用一种全新的思路和方法，去寻找可能的答案。他们希望尽快找到答案，而且最好一劳永逸，清晰明确，便于落地操作。

但哪有那么简单？在和外部"创新生态系统"的沟通和接触中，企业家和企业管理者们也面临着许多问题：应该和谁交流和沟通，是高校、是研究机构还是初创企业？如何找到它们？如何判别它们的能力？如何判断它们所持有的观点和它们所提供的工具是否适合企业自身？如果双方觉得可以合作，那应该如何开展合作？有哪些合作的方式？又如何判断合作的结果？

而且，经过40多年的改革开放，加之最近几年互联网尤其是移动互联网革命的赋能，以及中国人勤劳、勇敢、善良、智慧的传统美德，中国的商业世界已经成为全球市场中具有特色的存在。有些来自西方的理论可以很好地匹配中国市场的现状，但淮南为橘、淮北为枳，有的理论有水土不服之嫌。

幸好，有许多中国的实践者们已经走过了或成功或坎坷的探索旅程，为我们留下了难得的宝贵的经验和教训，留下了值得我们学习研究的诸多案例。他们有的也来自优秀的跨国公司，来自中国的优秀企业。因为工作的缘故，我有幸和这些公司的优秀代表结识：或是在提供咨询的过程中为他们服务、和他们交流，或是在商业实践的过程中向他们请教、听他们分享。

而这段旅程的名字，来源于加州大学伯克利分校 Haas 商学院的教授亨利·切萨布鲁夫教授在 2003 年的洞见。亨利教授强调，企业在创新过程中，可以引入外部的创新能力，同时也可以将自身的创新能力输出或者剥离给市场，他将这样的创新称为"开放式创新"(Open Innovation)。

对开放式创新进行研究的过程中我们可以发现，许多国际知名的企业，例如飞利浦、英特尔等也在积极实践开放式创新。或者说，它们也在走出去，通过和外部的创新枢纽合作，提升自身的创新能力。这些创新枢纽其实就是我们说的"创新生态系统"，而"创新生态系统"无外乎高校、研究机构、创新企业、投资公司、孵化器、加速器等。

如果再进行更为细致的研究，我们发现这些企业在实践过程中，运用了许多吉福德·平肖三世（Gifford Pinchot Ⅲ）提出的"内部创业者"（Intrapreneur）的套路和拳法，也运用了许多史蒂夫·布兰克（Steve Blank）、埃里克·莱斯（Eric Ries）提出的"精益创业"（Lean Startup）的方法和理念。

概念之间的相同之处或者差异应该交由理论研究者辨析和区分。从企业的角度出发，更为重要的是，如何将其整合归一、化为自身可实践、可操作的方法，提升自身的创新能力，从而在不确定的环境中找到发展的路径。

我将这段旅程和探索称为"开放式创新"，基于对开放式创新的中国实践者们的研究、观察和访谈，形成了呈现给各位的文字，希望他们的实践案例可以给到您——尊敬的读者——启发和启迪！

观察开放式创新在中国，我们首先还是回到原点，看一下亨利教授是在怎样的背景下提出开放式创新的思想和概念的。接下来，我们的观察继续……

第一章

开放式创新的
缘起与中国机遇

为何最顶尖的研究中心会错失改变世界的机会?

多年之前,当"乔帮主"史蒂夫·乔布斯终于完成苹果总部 Apple Park(苹果公园)的设计的时候,不知道他是否会想起 1979 年第一次进入 PARC 的那个下午。那天,"乔帮主"对"图形用户交互界面"概念感到惊讶和兴奋,许多年后他在接受采访时依然神采飞扬:"我可以看到计算机未来注定应该成为的样子!"不久,这个世界多了一款跨时代的产品——Macintosh(麦金塔电脑)。

扼腕叹息:一把好牌打输了

PARC 的全称是 Palo Alto Research Center(帕罗奥多研究中心),是施乐公司于 1970 年在帕罗奥多建立的面向未来的研究中心。那时候施乐公司还是一家生产复印机的企业,但是公司 CEO 彼得·麦考洛(Peter McColough)决心在研发体系中设立一个全新的实验室,帮助公司从一家复印机生产行业的领军企业转型升级成为办公信息产品的提供商。在公司领导层的全力支持下,PARC 发展迅速,蒸蒸日上,曾经出现过美国顶尖的 100 位计算机科学家中有 70 余位在 PARC 研究或者工作的盛况。天时、地利、人和,PARC 也成为信息革命进程中的永恒丰碑,个人电脑、以太网、图形用户界面、激光打印机等跨时代的技术都诞生于此。

但是面对这些改变世界的技术和发明,施乐公司几乎是"弱水三千,只取一瓢",只把"激光打印机技术"快速商业化并且大赚一笔,许多现在来看更有商业前景的技术,例如个人电脑、图形用户界面等,对施乐公司来说,几乎都是"毫不利己,专门利人"的:图形用户界面的概念启发了"乔帮主",成就了 Macintosh;文字处理系统启发了比尔·盖茨,造就了 Word;许多天才开发的技术在 PARC 没有用武之地,于是这些天才自己出来创立了公司——比如 Adobe 公司和 3Com 公司——名震四方。

为何如此大把挥霍面向未来的好技术,把许多可能改变施乐公司、改变世界的机会拱手让人? 加州大学伯克利分校 Haas 商学院的亨利教授把 PARC 的案例好好研究了一番,并于 2003 年出版了一本书,正式提出开放式创新的概念。从 2003 年至今,众多研究者都对亨利教授当时的思想框架不断地演化和延伸,使开放式创新的理论一路发展至今。

新的范式:开放式创新

亨利教授认为,PARC 之所以这样大把挥霍,主要是因为施乐公司受到了创新范式的限制。他将这种范式称为"封闭式创新",主要指仅仅利用本公司的资源和技术能力,进行产品的研发和商业化。而与之相对的"开放式创新",则是一种新的创新范式,强调创新前端和后端的多样化。对开放式创新的概念进行理解可以参照以下示意图,我对两种范式的区别简单举例如下:

- 创新前端 在封闭式创新体系下,公司立足于找到最优秀的人才,然后包揽研发的整个流程,直到商业化运营。但是在开放式创新体系下,公司可以和外部的优秀人才合作,共同加速研究的进展。

- 创新后端 在封闭式创新体系下,研发的技术成果或者是被业务部门采用进行商业化,或者是被束之高阁,成为公司的技术储备。而在开放式创新的体系下,公司可以把这些技术或专利授权给第三方;可以鼓励、支持员工成立外部公司应用技术,并对其进行授权或者投资;也可以通过加速器、投资基金让这些技术在外部市场进行商业化。

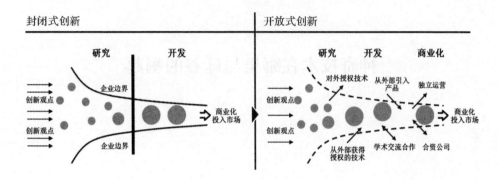

▲ 封闭式创新 VS 开放式创新

从 PARC 到 Park

从库比蒂诺(Cupertino)的 Apple Park 开车来到帕罗奥多的 PARC,仅仅需要 30 分钟,但却像花了 1 个世纪。据传闻,"乔帮主"把生前最后一款作品命名为 Apple Park,是向他梦想的起点 PARC 致敬(PARC 的英语发音类似于 Park)。

PARC 失去了很多改变世界的机会,那是一家公司的不幸。但因缘际会诞生的许多跨时代的产品、伟大的公司及也许会影响创新进程的"开放式创新"理念,已经让这个世界变得更美好。这或许是 PARC 可以释怀的地方吧。

开放式创新的缘起,不仅仅是亨利教授研究 PARC 时的灵光一现,而是被嵌套在整个硅谷崛起的大背景下。硅谷是如何起源的呢? 硅谷又是如何引发了对开放式创新的讨论和思考呢? 接下来,我们的观察继续……

神奇技术在哪里与硅谷的崛起

技术突破是创新的中流砥柱,熊彼特在 1912 年出版的《经济发展理论》中也提出,技术的突破对于整个经济的增长能起到至关重要的作用。

问题来了,这些可能改变世界的神奇技术在哪里呢?

从工匠到研发中心

在很长一段时间内,许多具有天赋的工匠掌握着"人无我有"的技术,这是他们赚取超额利润的最主要来源。"独门秘诀"壁垒森严,成了一种人无我有、人有我无的"零和游戏",人们对"独门秘诀"的向往和争夺令人窒息。

威尼斯曾经是欧洲的"玻璃王国",自从 1507 年达尔卡罗兄弟发明了制作玻璃镜子的技术后,威尼斯人就让所有镜子工厂和工匠都搬到了穆拉诺岛上,并派出军队驻扎穆拉诺岛,不准任何人进出,还规定斩杀所有泄密者。

在威尼斯人的垄断下,钟爱奢侈品的法国王室一开始只能源源不断从威尼斯采购,但后来法国王室财政陷入困境,法国人于是想到了偷。虽然严防死守,一些离开穆拉诺岛的工匠也因被下毒身亡,但还是阻挡不了法国商业间谍的前仆后继,法国王室最终在诺曼底建成玻璃镜子工厂。为了庆祝胜利,路易十四还特地在凡尔赛宫打造了"镜厅"!

时间过去 100 多年,年轻的英国纺织工人塞缪尔·斯莱特(Samuel Slater)躲避了严密的盘查,来到了纽约。利用默记在心的图纸和其他知识,他建起了北美大陆第一家纺织工厂,并且开启了美国的纺织工业。美国人称他为"美国工业革命的奠基者",但家乡的英国人却称他为"叛徒"。因此获益的美国人感慨良多,开国元老亚历山大·汉密尔顿(Alexander Hamilton)甚至还向国会提交《关于制造业的报告》,露骨地鼓励"人才和技术引进"。

崛起的新势力往往会在经历过初期的荒蛮之后,披上精致的文明的外衣。随着专利保护等相关政策的逐步建立和完善,围绕专利占有而形成的商业规则也慢慢浮现,神奇技术也从工匠转移到了大公司那里。

大公司往往利用手中的资源,招募最好的科学家和技术人才,产生的专利、技术和产品也帮助大公司持续获得超额利润。大公司的研发中心逐渐成为神奇技术的聚集之地,可直到有一天,大公司的管理者和研发中心的科学家、技术人才突然发现,神奇技术竟然出现在了一个陌生的地方。

创新生态系统的崛起

20 世纪 90 年代,随着互联网的发展,知识的流动不再局限于企业的研发中心,知识的发展也不再仅仅依赖企业的研发中心,大学和科研机构成为崛起的新势力。象牙塔之中原本就聚集了太多的知识精英和行业专家,当教授们借助互联网更加方便地阅读最新的论文、更加方便地进入数据库时,大学的研究进度开始逐渐加快。除此之外,美国国家科学基金会(NSF)对科研进行大力支持,1980

年制定了《拜杜法案》(又称《专利和商标修正案》),允许大学和公司合作,将发明专利推向市场。

科技的发展及政策的支持,孕育了硅谷的传奇。斯坦福大学在 20 世纪初并不像现在这般能够呼风唤雨,名声远不及波士顿的哈佛大学和麻省理工学院,甚至比起邻近的加州大学伯克利分校也要稍逊一筹。1951 年,时任工程学院院长的弗雷德里克·特曼(Frederick Terman)与校长华莱士·斯特林(Wallace Sterling)商定,将学校附近的土地以极低的价格出租,兴建工业区,从而吸引了不少企业入驻,解决了许多学生的就业问题。20 世纪 60 年代中期,特曼邀请“晶体管之父”威廉·肖克利(William Shockley)到斯坦福大学任教并建立实验室。不久冷战爆发,美国政府对军事技术的投入大大增加,斯坦福大学及附近的初创企业因此获益。

顶级专家、周围的诸多创业企业、联邦政府投入的资金,加上《拜杜法案》的支持,政府、大学、企业在市场化的运作中形成了“共生”的相互依存的关系,此时风险投资也开始在硅谷发展。多方利好的形势下,许多科技青年不再把大企业的研发部门作为自己的首选,他们或者留在高校继续做研究,或者就在车库和伙伴共同创立公司,发展技术和产品。神奇的技术不再仅仅留在大公司的研发中心,而是扩散到了整个硅谷。

我综合美国国家科学基金会和美国专利及商标局(USPTO)的数据,人数超过 2.5 万人的大型企业在研发上的投入占所有研发投入的比例,从 1981 年的 70.7% 下降到了 1999 年的 41.3%,而到 2015 年更是下滑到 35.6%。与此同时,1000 人以下的小公司在研发上的投入占所有研发投入的比例,在 1981 年只有 4.4%,到 1999 年已经达到了 22.5%,在 2015 年也稳定在 20.5%。

越来越多的企业意识到,最顶尖的人才已经不在自己的研发中心,而自己也不需要投入资源进行重复性的研发。从此,研发中心的高墙开始松动,进行开放式创新成为大企业研发部门新的选择。

神奇技术在哪里?它们曾经在工匠们的层层保护之中,它们曾经在大公司的研发中心之内,因为知识、科研的垄断被打破,现在它们散点式分布在整个创新生态系统中。在这样的背景下,开放式创新应运而生。当创新生态系统的各个节点——包括公司研发中心、大学、创业公司、中间机构等——串联成一个网络,以交互式方式促进彼此演化,神奇技术得以加速成长,从而促进创新、促进经济增长。

开放式创新的诞生不仅仅受到美国硅谷的影响,欧洲最具创新力的区域也孕育了开放式创新的理念,而且这片区域只有 1 平方千米。最具创新力的 1 平方千米到底在哪里呢? 接下来,我们的观察继续……

欧洲最具创新力的 1 平方千米在哪里？

欧洲最具创新力的 1 平方千米在哪里？

答案是：埃因霍温（Eindhoven）！

我问过很多朋友这个问题。在我分享答案之后，90％的朋友会一脸疑惑地继续问："埃因霍温在哪里？"剩下的 10％左右的朋友知道埃因霍温，大部分是因为足球，只有极少部分的朋友在诧异片刻之后会心一笑。

埃因霍温高科技园区（High Tech Campus Eindhoven）坐落于荷兰第四大工业城市埃因霍温的郊外，占地约 1 平方千米。1 平方千米大概是什么概念呢？基本上相当于北京大学燕园本部校区面积的一半，清华大学本部校区的 1/3。

就在这 1 平方千米内聚集了来自全球 85 个国家、超过 1 万名的高科技人才，平均每天产生 4 项专利，入驻企业超过 140 家，其中既有飞利浦、英特尔、华为、恩智浦（NXP）这样的国际大型企业，也有 Averna、Zipp Labs 等创新企业。2012年，《财富》杂志将其评为"下一个硅谷"；2013 年，《福布斯》杂志称其为"全球最智慧的园区"。

这一切的背后，与一家公司的开放式创新实践密不可分——虽然最初有些迫不得已和阴差阳错。想必大家猜到了，这家公司的名字叫飞利浦。

无可奈何花落去

埃因霍温整座城市就是因飞利浦而发展起来的,1891 年,飞利浦创始人在埃因霍温建立工厂生产灯泡。但是到了 20 世纪 70 年代,两次石油危机使得欧洲人对消费品的需求骤减,亚洲四小龙的崛起又使得飞利浦不得不面临激烈的价格竞争。1989 年,飞利浦面临严重的现金流困境,不得不关闭了其著名的科技博物馆 Evoluon(进化馆)。值得一提的是,这栋飞碟状的建筑,是 20 世纪 60 年代飞利浦公司为纪念公司创立 75 周年而在埃因霍温建的。

1990 年,飞利浦开始"壮士断腕",坚决推进公司重组。其手段包括:4 年内裁掉了大约 1/4 的员工,加速关停非核心业务,以及整合研发版块,将所有的研发资源集中到埃因霍温。在整合的过程中,飞利浦当时的管理层感受到,分散在不同区域的各个部门之间交流很少,甚至同在研发部门的不同小组都鲜有交流。

在这样的内忧外患之下,20 世纪 90 年代,飞利浦的领导层决定在埃因霍温的郊外建设集中式研发中心,飞利浦高科技园区于 1998 年建立。为了鼓励不同部门的同事进行更多的交流,园区的内部布局呈现开放式的设计,同时把所有公共服务设施,例如餐馆、超市、健身房等,都放到整个园区的中心地带,并称其为"交流街"。

又有谁会想到,创造今天辉煌战绩的埃因霍温高科技园区,起源竟然是飞利浦削减成本的无奈之举。但是这无心插柳之举,却成了开放式创新的土壤:优秀的人才们聚集到了一起,开始进行思维碰撞和创意分享。

柳暗花明又一村

如果没有具有创新意识的企业领导人,那埃因霍温高科技园区估计在发展的过程中也会逐渐泯然于众人。但是在 2002 年,刚刚升任飞利浦 CTO 和董事会成员的胡瑟(Ad Huijser),在内部力主建立孵化器,并探索如何发展新技术、拓展新市场。

胡瑟后来在访谈中谈到,新的想法必须与现有的业务匹配,不然不可能进入设计—研发—商业化的过程之中。而且许多很好的想法,现有的业务部门也不愿意承担风险去尝试。但是胡瑟本人一直相信,企业的可持续发展必然要通过颠覆式的创新才可以达成。于是在胡瑟的坚持和推动下,2002 年 10 月,飞利浦孵化器第一期正式开营。第一期的入选项目只有两个,而且是孵化器的管理者和研发部门做了很多次的交流,讨来的两个项目。入选的项目各自获得了 500 万美元的支持,很快就拥有了自己的独立空间。

之后的故事,并不像大家想象中那样快速发展、昂扬向上。第二期的项目依然只有两个,而且从 2002 年到 2007 年,入选孵化器的项目也只有 11 个而已。

但是,在这 5 年期间,飞利浦的孵化器和投资部门不断磨合资本在孵化器中扮演的角色,包括选拔项目的标准、如何进行下一轮的投资和剥离。

到了 2007 年,入选的 11 个项目中:有两个项目获得飞利浦业务部门的认可,飞利浦对其进行了收编;3 个项目被剥离,飞利浦对其持有一部分股权;1 个项目宣告失败;5 个项目继续在孵化器内部孵化。

这样的成绩看起来似乎非常普通,但是飞利浦在孵化的过程中积累了大量的经验,包括项目的选拔、资本的配合、对业务部门的支持等。于是在 2006 年,胡瑟宣布另外再建设两个孵化器,专注于飞利浦未来转型升级的方向,包括医疗健康及生活时尚等。

值得注意的是,在新的孵化器项目中,入选项目可以在内部和外部寻找潜在的合作伙伴和技术解决方案伙伴,并不局限在飞利浦内部。

而在此期间,另一件重要的事情,正在埃因霍温高科技园区悄然发生……

天工人巧日争新

伴随着飞利浦高科技园区的建立,飞利浦的管理层真实感受到知识的分享、技术人员的交流所带来的效应,于是在 2003 年,飞利浦的管理层自己打破了研发中心的高墙,将高科技园区开放给其他科技企业入驻。到了 2012 年,飞利浦更是把园区卖给了 Ramphastos Investments(拉姆帕斯托斯投资公司),后者将飞利浦高科技园区更名为埃因霍温高科技园区。

随着越来越多的创新企业和创业者来到园区,飞利浦内部的孵化器也把合作的范围拓展到了公司之外,开放式创新的框架及主体结构在飞利浦、在埃因霍温高科技园区内完美形成。现在,飞利浦的医疗保健、时尚生活和核心科技业务各自设立了孵化器,同外部机构合作,寻找和发掘新的技术和新的市场机会。而从飞利浦剥离的公司中,有像恩智浦这样的半导体领军企业,也有 Intrinsic-ID(全球领先的物联网安全和嵌式应用数字认证技术提供商)等富有潜力、在特定领域深耕细作的创新企业。

开放式创新于是在飞利浦扎下了根。更重要的是,飞利浦将这小小的 1 平方千米演化成了欧洲创新和智慧浓度最高的区域,也让许多人记住了它所在城市的名字:埃因霍温。

从硅谷到埃因霍温,我们看到了创新新势力的崛起。但是也有一个问题,到底是什么原因,让那些看起来渺小的车库青年可以和大公司的研发人才一较高下呢?大公司愿意和外部机构合作,到底是出于什么理由呢?接下来,我们的观察继续……

以开放姿态应对突如其来的颠覆

2020 年春节期间,我做了两件事情,拜读了刘慈欣的《三体》,重新看了迈克尔·法斯宾德(Michael Fassbender)主演的电影《刺客信条》。

在看电影《刺客信条》的时候,中世纪镜头和现代镜头的不停切换让我有些恍惚,播放电影片尾字幕的时候,我一直在想,中世纪的冷兵器加上赤手空拳的肌肉男,在现代技术特别是虚拟现实面前,怎么会有赢的可能?就像刘慈欣在《三体》中提到的"降维打击",拥有现代技术的"大反派"应该可以把卡勒姆·林奇(Callum Lynch)的能力逼至最小值,林奇的冷兵器技能在现代技术前根本不值一提。

正是基于这样的前提假设,我在初步接触"开放式创新"的时候充满了疑惑,我在想,那些天才的绝世高手当然可以流浪江湖、不加入任何名门正派,但在面临血雨腥风之时,也会双拳难敌 N 双手,被群狼耗死吧?

后来,我意识到我想错了!

S 曲线

对"创新"这个话题感兴趣的朋友们多多少少都听过混沌大学创始人李善友教授的课程，或者看过他的书。善友教授反反复复提到的"第二曲线"，来源于查尔斯·汉迪（Charles Handy）在 2016 年出版的《第二曲线：跨越"S型曲线"的第二次增长》一书。

查尔斯·汉迪认为，技术演化通常会经历 4 个阶段——技术出现、快速增长、缓慢增长、技术极限，这 4 个阶段呈现出 S 型曲线。通常一项技术发展到曲线末端时，即接近该技术的极限时，其市场竞争力减弱，新技术将取而代之。

对于 S 型曲线而言，有两种技术发展和演化模式，分别是渐进性模式，和近年来越来越红火的"颠覆性模式"。

渐进性模式指的是已立足于市场的现存技术在性能上做改进和完善，市场风险小，获利也较稳定。与之相对应的是，颠覆性模式表现为新技术的发明、应用，以至超越并取代现有主流技术。这种新技术可能是全新技术，也可能是对现有技术进行跨学科、跨领域应用的结果。

颠覆式创新的概念由美国哈佛大学商学院的克莱顿·克里斯坦森（Clayton Christensen）教授提出。他在 1997 年出版了《创新者的窘境》，从市场角度出发，他认为颠覆性技术是指这样一类技术：它们往往从低端或边缘市场切入，相对主流技术，它们在初始时存在质量差、风险高、利润少、市场小等特征，随着性能与功能的不断改进与完善，最终取代已有技术，开辟新市场，形成新的价值体系。

善友教授在 2019 年出版的《第二曲线创新》中对颠覆式创新有过非常精彩的评述："第一曲线的渐进式创新可以带来 10% 甚至百分之几十的增长；而第二曲线创新（我理解类似于颠覆式创新），能带来 10 倍速的增长。"

因此我们可以理解,大企业面对有可能突如其来的颠覆式创新时是真的怕了。

开放式创新应运而生

颠覆式创新最初产生的地点,可能并不起眼,比如狭小的车库。

从硅谷到埃因霍温,我们看到从 20 世纪 90 年代开始,外部环境发生的巨变:在信息化和全球化背景下,知识型员工的数量急剧增加;交通状况改善和人员交流频繁带来人员的高流动性;大学和科研机构能力的提升(前文提到的互联网加速了知识的传播,1980 年制定的《拜杜法案》提供了政策支持);风险投资市场的兴起……总之,最好的员工、最前沿的思想不再一定出现在那些大公司的实验室之中。

当亨利教授在 2003 年出版的《开放式创新:进行技术创新并从中赢利的新规则》一书中提出了"开放式创新"的理念,学术界和企业界都对此表示欢迎。

从研发选择到公司战略

开放式创新成了大企业研发部门新的选择,飞利浦、英特尔、IBM、宝洁等跨国企业成为实践开放式创新的先行者。之后,开放式创新的发展脉络也呈现出由点及面的特征,最早被集中应用于研发领域,之后慢慢拓展到产品及商业模式领域,成为公司战略选择的重要工具。

2000 年,面对深陷困境的宝洁,新任职的 CEO 阿兰·乔治·雷富礼(A.

G. Lafley)察觉到"非此地发明（Not Invented Here，NIH）"的问题，引入"联系＋发展（Connect＋Develop，C&D）"的全新模式，面向全球搜寻技术创新方案。宝洁于 2007 年建立了"联系＋发展"英文网站，并在该英文网站上线后的一年之内收集到约 4000 个来自全球的创新方案。在 2009 年，宝洁还推出"联系＋发展"中文网站，并在该中文网站上线 3 个月后就收集到百余个有效的创新方案。

随着商业世界的复杂度日益加深，许多公司也开始利用兼并收购的方式拓展公司的边界，将全新的商业模式和产品服务纳入到原有的体系内，以探求新的发展机会。

2005 年夏天谷歌收购 Android（安卓公司）之前，Android 还只是一家默默无闻的硅谷的创业公司，当时许多人都在怀疑谷歌是否会对开放平台真正感兴趣。之后，借助谷歌的资源、平台及自身的技术优势，Android 开发的系统成为一个开放的操作系统，成为高端智能手机平台，还进入了电视、游戏机、手表和汽车领域。可能谷歌和 Android 之前都没想到的是，Android 已经超过了 Windows，成为全世界最流行的操作系统。

数字技术的发展也使得订阅模式（Subscription Model）被商业世界的聚光灯照耀。在数字技术的帮助之下，消费者可以自主选择，以往由零售商驱动的会员模式转变为消费者"自驱动"的订阅模式，优质的体验成为增强零售商与消费者之间联系的最佳手段之一。2016 年，联合利华花费 10 亿美元的交易让成立于 2012 年的 Dollar Shave Club（一美元剃须刀俱乐部）走上前台。这家位于美国加利福尼亚州的企业，一开始只提供一种简单的产品——每个月花费几美元，就可以收到高质量的新剃须刀，之后开始提供男性洗护、剃须膏及面巾等其他产品。被联合利华收购之后，Dollar Shave Club 推出男士香水品牌，将业务范围持续扩大。

纵览过去 20 多年的发展，开放式创新的兴起来源于技术的突破性进展给企业带来的恐惧。企业对开放式创新理论的实践增强了创新绩效，许多大企业开始"大象起舞"，面对新技术的发展变得更加敏捷。

同时,开放式创新也带来了一个大家没有想到的副产品:它成为创业者新的业务发展选择甚至是退出方式之一,这也在很大程度上鼓励越来越多的年轻精英们投身创新创业的浪潮。

聊完了开放式创新在美国及欧洲国家的缘起,我们将视线转向中国。开放式创新近年来在中国蓬勃发展,又受到哪些外部环境的影响呢?中国的开放式创新实践又有哪些独特的"初始设置"呢?接下来,我们的观察继续……

从山寨时代到深圳崛起,从中国制造到中国创造

阿强早已退隐江湖,不过问商业世界的起起伏伏。2019 年的夏天,多亏好友引荐,我和阿强连续几个早晨都在深圳湾海滨栈道跑步。有一天,我和阿强结束了晨跑,正打算就此告别,阿强忽然叫住了我,转身从车里拿出两部手机,对我说:"如果你想要了解深圳,我就和你说说这两部手机的故事吧。"

第一部手机的故事,2004 年

1979 年的夏天,国家推行政策鼓励"军改民",动员军工厂自己找市场。原本驻扎在广东清远县山区的粤北兵工厂搬到了深圳福田区,生产的产品也从军用无线电半导体变成了收音机、电视机等家电。兵工厂撤掉了原先的部队编号,更名为"华强",寓意中华强大。

工厂附近的一条路就以公司的名称命名,称华强路,后来这个地方就变成了现在尽人皆知的华强北。后来电子大厦建成——正是在电子大厦,改革开放的总设计师邓小平留下了一句后来尽人皆知的话,即"电脑要从娃娃抓起"——再后来深圳市赛格集团有限公司成立,电子产品加工集散地慢慢从香港变成了深

圳河对岸的深圳。华强北的业务从制造到贸易,产品从元器件逐渐发展到 BB 机和小家电,直到 2003 年台湾联发科技股份有限公司(以下简称联发科)手机芯片量产出货,华强北在技术和市场的浪潮下被推到了前台。

阿强说,因为联发科将芯片、软件平台和第三方应用软件捆绑在一起,几乎只要加个电池和外壳,就可以捣鼓出一台手机。于是,出现了双卡双待、跑马灯、各种只有想不到没有做不到的手机外形,每天都有 5 款以上手机在华强北诞生,每天都有不同款的手机在欢呼中成为"机王"。

阿强给我看的第一部手机,就诞生在喧嚣狂欢的 2004 年。从外表来看,这部手机像极了当年的诺基亚 N95,但是竟然有 6 个跑马灯,还是双卡双待……

那个时候,深圳被大家称为"山寨工厂"。

第二部手机的故事,2011 年

2011 年,北京,小米发布了首款手机。这款手机 1999 元起,两次预订销售共卖出 40 万部,山寨手机所谓的价格优势开始松动。2013 年,第一代红米手机发布,799 元的价格震动市场,基本结束了山寨手机赖以生存的低价土壤。

就在一年之前,苹果推出了 iPhone4。在华强北的许多商户开始仿制苹果手机的时候,已经有许多卓越的中国企业家意识到,技术研发、性价比、渠道,这些综合能力才是一家企业的基业长青之道。

这之后,华为、小米、oppo 和 vivo 逐渐崛起,研究机构 Counterpoint 公布的 2019 年全球高端手机市场份额数据显示,华为已经超越苹果,vivo、小米、oppo 等也紧随其后。而且,这几家企业已经开始在国外攻城略地,直接打击苹果和三星。

但是另一边,华强北的许多商户寂寞离开……新来的商户开始做平衡车、虚拟货币挖矿机、电子烟……

阿强给我看的第二只手机,正是 2013 年小米发布的第一代红米手机。

我问阿强,是否因为山寨手机退出了市场,他才无可奈何地离开了华强北,离开了市场?阿强摇摇头说,是市场变得更快了,而他慢了。他说,以前只要做好产品,按照上家的指令把东西尽快生产出来,降低成本,就好了。但是现在的玩家们,不仅更为关注市场变化,更为关注用户体验,特别是年轻消费者的用户体验,而且可以对客户的些许变化迅速做出反应,然后利用手机上的即时通信软件,迅速联系供应链上的企业进行调整,在最短时间内递交给客户最新的变化成果。

阿强说,现在的华强北真的很厉害。美国的用户前一天下班前在图纸上做了修改,清晨华强北的工作人员就立刻开始协调工厂做出相应变化。最极端的情况下,华强北的工作人员中午就能把小样送到美国公司在上海的实验室,下午又将实验数据整合完毕。美国的用户在第二天上班前,就能接收所有测试数据。12 小时啊!放在美国,至少需要 12 天。

基于用户的商业模式创新

领英(LinkedIn)的创始人里德·霍夫曼(Reid Hoffman)2018 年出版了新书《闪电式扩张:不确定环境下的急速增长策略》,几乎通篇都在讲美国的案例,特别是许多硅谷的传奇,比如脸书、谷歌、网飞、爱彼迎等,但是却在第五部分有些突兀地写了一个章节——"中国:闪电式扩张的沃土"。

我在其中看到了微信、小米的案例。霍夫曼从"外来者的角度",把中国的闪电式扩张归因于鼓励冒险和加班(例如"996")的企业文化、激烈的竞争及中国庞大的人才储备,并且认为"最大的机会在于硅谷和中国携手合作,结合自己各自的优势"。

但是和阿强聊完之后,我开始有了一些不同的视角。

闪电式扩张的起点——无论微信还是小米——是对用户的极度关注。企业注意到用户的痛点,即使这些痛点还只是在用户的脑海中,也都被敏锐地观察到,然后这些企业用最新的技术和产品去消除用户的痛点。

对用户的观察细致入微,在野蛮生长的山寨时代就铭刻在华强北的骨子里。山寨时代当然已经离我们远去,但是在山寨时代,由庞大的人口总量所引起的资源稀缺,使得每个玩家都要保持对市场变化的高度敏感,无论是推出新产品,还是迅速应对不断变化的世界,总之要用极快的速度打开竞争的局面。

所以,当各位专家在侃侃而谈中国的产品创新、中国的商业模式创新的时候,我都会想起阿强给我看的两部手机,想起华强北的故事。庞大的市场、众多的竞争对手、残酷的竞争环境,无论是 60 后还是 90 后的商业世界的创业者、守业者,都需要对市场非常敏感,对速度保持天然的热情。

技术设施成为创新的催化剂

从对用户的极度关注出发,许多创业者通过新的技术、新的模式消除了消费者的痛点。我们可以看到,中国式创新的起点就在于用户。用户需求是锚,技术和商业模式,都成了解决用户需求的工具。

但是从中国制造走向中国创造的背后,还有许许多多的基础因素,这些基础因素成了创新的催化剂。这其中,就包括国家对科研的支持,包括中国的工程师红利、供应链优势及资本优势。

首先,国家对科研的支持力度逐年增强。前文提到,美国政府对研发的积极投入促成了硅谷的诞生。但是,正当硅谷风起云涌之时,美国政府对研发方面的支持力度在悄然减弱。美国科学促进会(AAAS)的数据显示:研发投入在美国政府预算的占比,从 20 世纪 60 年代到 20 世纪 80 年代初期一直超过 5%;但是进入 21 世纪之后,占比一路下滑,2009 年已经下滑到了 4%,2017 年更是跌破 3%。而中国却迎头赶上,根据世界银行公布的数据,1996 年中国的研发支出占 GDP 的比例仅有 0.56%,但这一数据在 2016 年已经达到了 2.11%。在专利的申请方面,2017 年中国已经超过日本和德国,仅次于美国。"千人计划"及其他诸多措施吸引了大批归国人员,也诞生了许多本土化的先进技术。

近年来,中国政府推出了一系列重大的政策部署,其中强调发展"大众创业、万众创新"双"引擎",推动经济增长。中国政府承诺推动改革,并通过降低门槛和增加公共服务为"大众创业、万众创新"创造更好的环境,鼓励大学生、技术人员创业。同时,中国开始积极引导推行基于股权的互联网众筹机制,鼓励银行等金融机构为小微企业提供融资渠道。越来越多的中国公司意识到,它们只有通过创新才能在全球经济中取得领先地位。以阿里巴巴、百度和腾讯为代表的中国公司,通过提供数字化的基础设施,推动创新活动的开展。

其次,中国的工程师基数大,而且吃苦耐劳。根据瑞银证券有限责任公司(以下简称瑞银证券)的研究,中国每年理工科大学毕业生超过 300 万人,这一数字是美国的 5 倍,但与此同时,研发人员的薪资却仅为美国研发人员薪资的 1/8。而且,中国的工程师又以吃苦耐劳著称。虽然 2019 年,"996"这样的加班文化受到很多诟病,但不得不说,正是许多工程师和创业者的勤劳苦干,使得中国的技术能力在某些领域可以在短时间内达到国际一流水准。瑞银证券的研究显示,中国已经在信息技术、互联网、人工智能、电池、光伏和环保领域取得了很强的研发能力,并且已经在创新领域取得了很多突破性进展。

再次,中国的供应链兼具弹性和效率,独步全球。根据外交学院世界政治研究中心主任施展在《溢出:中国制造未来史》中的表述及他在中国和越南进行的实地调研,中国的供应链网络体系兼具弹性和效率,独步全球。中国的许多中小企业非常专门化,每家都只生产特异化的产品零部件。因为专门化到了极致,这些中小企业只生产极为基础的零部件，由于这些零部件实在太基础，反倒具备了极强的通配性，可以和其他厂家的产品配套，从而形成一个大的供应链网络。整个网络极具弹性，网络内部的企业可以不断地进行动态重组。施展在研究中打过一个比方：这就相当于每家中小企业只生产一种特定形状的乐高，无数家中小企业集群，就能生产无数种形状的乐高，这些乐高被以各种方式组合在一起，拼搭成各种东西。根据施展的研究，当供应链网络的规模超过了某个临界点之后，其内蕴的效率和弹性都过了临界点，这将带来一个质的变化：劳动力成本和土地成本在总成本当中的占比大幅下降，供应链的管理效率才是企业成本控制能力的核心。因为中国的市场过于庞大，有很多产业即便产品技术含量很低，即便劳动力和土地成本很高，但仍然有巨大的优势。

最后，风险投资在国内的发展，也催生了创业热潮。过去 20 年，中国经济高速甚至超高速发展，市场上积累了大量的资金，其中一部分资金流入了一级市场，促使中国的风险投资行业快速崛起。从 2012 年起，企业的融资金额逐年增长，2018 年到达最高点。得益于此，过去几年中国涌现出了一批独角兽和上市公司。虽然 2019 年出现了资本寒冬，但是相信泡沫破裂之后，真正的价值投资会凸显，而且市场也会变得更加理性。

从山寨时代到深圳崛起，对客户的关注、对变革速度的痴迷也许早在野蛮成长时代就已在华强北的骨子里孕育。而在大时代的背景下，政策支持、工程师基数、供应链体系、资本市场等，都成为中国创新发展朝气蓬勃的基础设施。

我们曾经在硅谷、埃因霍温的成长路径中看到这些基础设施所提供的支持和帮助。现在，这些基础设施都已经在中国出现、发芽，慢慢茁壮成长，而且中国的基础设施更为齐全，也更有力量。

了解了中国开放式创新实践的"初始设置"，那么，关于开放式创新的理论研究的现状究竟如何呢？为什么我们要研究开放式创新在中国的实践呢？接下来，我们的观察继续……

理论与真实商业实践的距离

　　亨利教授在 2003 年出版的《开放式创新：进行技术创新并从中赢利的新规则》一书中提出了"开放式创新"的理念。亨利教授提出，开放式创新是一种新的范式，指的是企业可以既利用内部创意也利用外部创意，既借助内部市场化途径也借助外部市场化途径，并由此提升企业的技术能力。

　　2006 年，亨利教授与维姆·范哈佛贝克（Wire Vanhaverbeke）、乔·韦斯特（Joel West）在当年出版的《开放创新的新范式》一书中进一步深化了开放式创新的定义，在原有的基础上做了补充说明：开放式创新是"运用有意识的知识流入和流出加快内部创新，同时，扩大创新的外部使用市场"。

开放式创新的理论研究发展

　　自从亨利教授提出"开放式创新"的洞见之后，不少学者在此基础上不断进行研究，并在不少顶级学术刊物上发表论文，其中就包括《研发管理》（*R&D Management*）、《技术创新》（*Technovation*）、《政策研究》（*Research Policy*）及《研究与技术管理》（*Research-Technology Management*）等。根据亨利教授、维姆·

范哈佛贝克、乔·韦斯特在 2014 年的统计,从 2003 年以来,关于开放式创新的论文和著作的引用量逐年上升,2010 年之后每年会增加数千篇学术文章。

国外研究者主要的研究方向有:开放式创新的类型,开放式创新与知识产权,以及开放式创新与创新绩效等。亨利教授、维姆·范哈佛贝克、乔·韦斯特在 2014 年出版了《开放式创新:创新方法论之新语境》一书,对开放式创新 10 年来的研究和发展历程做了全景式的回顾和综述(2016 年中欧国际工商学院的朱晓明教授领导翻译了这本书,向国内的读者展示了最新的开放式创新理论方面的研究)。除了理论研究,近年来也出现了不少著作注重案例和实际操作,为企业提供切实的帮助。

中国的研究学者们从 2005 年开始关注开放式创新,近年来在《管理世界》《科研管理》等优秀期刊上都发表过关于开放式创新的文章,不过大部分的研究都在理论研究的范畴内。不过也有一些研究者从行业或者企业的角度对开放式创新的中国实践进行了研究,例如:金永生通过对企业进行调研和研究,认为内向型创新对创新绩效有积极的影响;李显君、钟领、王京伦、王巍以我国汽车行业的代表性企业为例,研究了开放式创新和吸收能力的价值;王崇锋、朱洪利更多从我国 ICT(即信息、通信、技术,是 information、communications、technology 3 个英文单词的缩写)产业的创新网络结构对创新绩效影响的角度,分析开放式创新背景下创新网络的构建。

而中文出版物中,关于开放式创新的著作寥寥,其中比较重要的是中欧国际工商学院的叶恩华(George S. Yip)和布鲁斯·马科恩(Bruce McKern)于 2016 年出版的《创新驱动中国:中国经济转型升级的新引擎》一书。该书在第六章介绍了中国的开放式创新,提出了在中国进行开放式创新的 3 种方法,具体包括同高等院校和研究机构合作、同商业价值链中的供应商或客户合作、同技术提供商或采购商合作(通过收购或分拆创新技术),并且以德国巴斯夫股份公司(以下简称巴斯夫)、飞利浦、美国霍尼韦尔国际公司(以下简称霍尼韦尔)等国外企业在中国的实践,以及华为、小米、联想的探索作为案例。

陈钰芬、陈劲于 2008 年出版了《开放式创新:机理与模式》一书,对于宝山钢铁股份有限公司、东软集团股份有限公司、浙江海正药业股份有限公司等集团进行了企业技术创新实践的开放度测量，并用定量分析的方式分析了开放度对创新绩效的影响。

除此之外，刘璘琳于 2016 年出版的《互联网背景下企业开放式创新与品牌管理》，以及肖尤丹于 2017 年出版的《开放式创新与知识产权制度研究》都从细分角度切入，对开放式创新的应用过程中的问题进行了阐述。

理论研究与现实困境的脱节：如何在中国实践开放式创新？

从我的阅读、研究和实践经验来看，目前开放式创新理论研究无法为中国的实践者们提供很好的理论指引与建设性意见，主要有以下三方面的原因：

第一，中国缺乏对开放式创新实践的研究。

国外的开放式创新研究，一直是学术界和企业界两条线齐头并进、互相促进的，并且在理论和实践方面有很多很新、很贴近实际的研究成果，可供企业采用。

中国的研究成果中，学术界理论研究的声音成了绝对的主旋律，关注开放式创新在实践中的困难的研究少有，仅有的一些就是我上文中提到过的。

第二，国外对中国的开放式创新实践同样缺乏深入研究。

我在社会科学引文索引（SSCI）中检索到的 2003—2017 年以"开放式创新"为标题、摘要和关键字的 1030 篇文章中，来自美国的作者最多（21％），之后是英国（16％）、德国（13％）、意大利（11％）和西班牙（10％）。在亚洲国家中，韩国位列第一（6.6％），之后才到中国。

上述绝大多数的文章都和知识产权、战略联盟及外商直接投资（FDI）相关，对在中国的商业世界实践开放式创新的困境，国外学者们投入的关注度也是较少的。

第三，开放式创新在中国实践中的新问题层出不穷。

开放式创新在中国的实践，往往与在其他国家的实践不同。我在上文中提到，许多在中国实践开放式创新的企业，非常关注和初创公司的交流和协作，非常关注数字化及商业模式创新等内容，这些都是比较有中国市场特色的创新内容。但目前的理论研究和实践研究对这部分内容缺乏关注。

在我个人的实践中，也有不少公司创新部门的领导人非常关注和同行业甚至是跨行业企业家、管理层的交流，希望分享和学习彼此在实践开放式创新时的经验和收获，取长补短，共同进步。虽然目前市场上也有个别商业机构以此为目的召开会议，但会议覆盖面毕竟有限，而且在会议氛围下，参会者也更多在谈成绩，很难主动谈问题。

正是在这样的大背景下，我将在本书中和各位开放式创新的观察者、实践者、研究者分享些许体会和案例研究，抛砖引玉。从这个角度来说，我更多扮演了观察者和记述者的角色，案例来自众多优秀实践者们的分享，各种观点也来自各位研究者的洞见与观察。我有幸和他们同行，记录些许，和各位同伴分享。

聊完了开放式创新在中国的背景、正式进入下一章之前，我们可以对现在的开放式创新系统做个概览，看看到底有哪些利益相关方，或者说，企业在实践开放式创新的过程中，有哪些利益相关方可以给予它们支持和帮助。接下来，我们的观察继续……

创新生态系统:两个重要的节点

20 世纪 90 年代,日本因为金融危机而出现"失去的 10 年①",与此同时硅谷跃升为全球科技创新的引擎,使得研究者开始关注创新体系、创新系统等问题。1994 年美国政府发布的科学政策文件《科学与国家利益》中提出,"今天的科学和技术实业更像一个生态系统,而不是一条生产线",奠定了"创新生态系统"的概念研究及后续应用的基础。

2004 年,美国总统科技顾问委员会(PCAST)发表了两份研究报告,即《维护国家的创新生态体系、信息技术制造和竞争力》和《维护国家的创新生态系统:保持美国科学和工程能力之实力》,将美国的经济领先地位归因于创新生态系统,创新生态系统包括:发明家、技术人才和创业者、积极进取的劳动力、世界水平的研究型大学、富有成效的研发中心、充满活力的风险资本产业,以及政府资助的聚集于高度潜力领域的基础研究。

之后学术界对"创新生态系统"进行了多年的研究,研究者们从创新制度经济学、创新管理、战略管理等视角,从网络、技术协同、创新平台等多种角度进行论述。但是 20 多年的研究依然在概念层面进行探讨,在对实践进行帮助和启迪方面依然乏善可陈。

---

① 20 世纪 90 年代,日本经济不景气,从 2000 年初开始,才出现经济复苏的征兆,这 10 年被人们称为"失去的 10 年"。

对实践的启迪依然来自硅谷。随着创业企业的蓬勃发展,硅谷诞生了诸多与之相关联的辅助性机构,包括风险投资基金、孵化器、加速器及会计事务所、法律事务所等。特别值得一提的是,诸多孵化器、加速器举办了大型路演日活动,因吸引了诸多创新参与者——包括创业企业、大企业、投资机构等——的加入而热闹非凡,大型路演日活动上沉浸式的、高密度的创新体验广受欢迎和好评。随着大型路演日活动和硅谷的孵化器、加速器在各个区域流行起来,包括多个创新参与者的"创新生态系统"日益被大家所熟悉。简而言之,创新生态系统就是包含多个创新参与者的网络,由于其具备多样性的特征,往往可以带给参与方不同的视角。

根据我的观察、研究和总结,目前从企业的视角出发,国内的创新生态系统主要包含高校研究机构及初创企业两个重要的节点,并且围绕这两个重要节点而有所拓展。

企业和高校、研究机构的合作由来已久。目前部分国内的高校和研究机构也成立了知识产权公司,将更多研究成果商业化的工作交由知识产权公司进行,从而使得教授和研究者可以在自己擅长的领域不断进行深入研究。

近年来,由于"双创"及技术革新,许多初创企业展现出具有颠覆式创新的发展潜力,越来越获得大企业的关注。在这个过程中,许多服务机构也逐渐发展壮大。

在初始阶段,许多投资机构、咨询机构扮演了重要的角色,帮助大企业和初创企业进行对接,促成双方的合作。随着大企业要求的深度和广度逐渐提升,诸多孵化器、加速器也逐渐脱颖而出,依靠强大的国内外初创企业资源及在创新方面积累的方法论,给予大企业更为全面的服务。除此以外,一些具有政府背景的产业园区和创业基金等也在"双创"中扮演了重要角色,给予大企业提供服务和支持。

在这其中,投资机构、咨询机构、产业园区、创业基金等为大企业提供的创新服务往往是其主要业务的补充和辅助,甚至有些时候是其开展业务的营销手段之一,其专业程度及受关注程度往往参差不齐。而孵化器和加速器则由于颇具专业性而越来越受到大企业的青睐。孵化器和加速器的主要资金来自大企业,所以在向大企业提供创新业务方面会更为专业、更为专注。当然,目前市场上也充斥着许多业务简单、门槛较低的孵化器和加速器,随着市场的发展,它们已经感受到运营的压力。

这个过程我们可以通过下图进行观察。

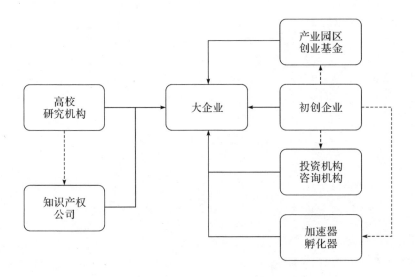

▲ 开放式创新生态系统,企业的视角

在之后的章节中,我也将围绕高校、研究机构及初创企业两个节点展开。

• 第二章主要论述企业与高校、研究机构的开放式创新实践;

• 第三章主要关注大企业与初创公司的开放式创新实践;

• 第四章将探讨开放式创新的外延,主要包括企业在内部进行创新及转型升级方面的一些新的实践和探索;

• 第五章将对包括孵化器、加速器在内的开放式创新的外部支持系统进行探讨;

- 在最后的第六章,我将结合研究和观察,提出企业开放式创新的实践框架,希望对企业在开放式创新的探索、研究和实践方面提供支持和帮助。

　　下一章开始,我们就开始观察企业与高校、研究机构的开放式创新实践。接下来,我们的观察继续……

第二章

企业与高校、研究机构的
开放式创新实践

始于技术，但不仅是技术

企业与高校、研究机构进行开放式创新的历史源远流长，企业与高校、研究机构的研究和实践甚至可以被看作是开放式创新的起点。

前文我们介绍过亨利教授提出的开放式创新的理念。亨利教授提出，开放式创新是一种新的范式，指的是企业可以既利用内部创意，也利用外部创意，既借助内部市场化途径，也借助外部市场化途径，并由此提升企业的技术能力。其中的外部创意，很大程度上指的就是来自高校和研究机构的真知灼见。

我认为，目前在国内的企业和高校、研究机构的合作主要分为五种模式，分别为：研究前沿技术、探索应用技术、专利技术转化及寻找合作企业、挖掘创新观点。

	较为成熟的模式			新探索的模式	
	研究前沿技术	探索应用技术	专利技术转化	寻找合作企业	挖掘创新观点
期望目标	通过资助等方式参与前沿技术的研究,希望了解进展,并尽早获得专利技术	探索适合特定市场和行业的应用技术,将研究成果转化为产品/服务落地	找到适合企业发展的专利技术,并将其转化为产品和服务	找到适合企业未来发展的企业,并联合进行创新和研发	对于公司未来发展的创新方向,寻找创新观点
参与部门	研发部战略部	研发部	研发部	研发部投资部	研发部市场部
公司获益	尽早获悉前沿技术,并投入研发	开发适合特定市场和行业的产品	专利技术转化为产品和服务	利用外部资源补足自身创新和研发短板	获得创新洞见
困难和风险	投资大,时间周期长,短期收益不明显	寻找技术和市场需求的平衡	寻找合适的专利技术	寻找合适的合作企业	创新观点过于浅显,匹配成功率不高

▲ 企业与高校、研究机构进行开放式创新实践的模式

　　前三种模式是较为成熟的模式,之后的两种是这几年许多企业和高校、研究机构在积极进行的尝试。前三种模式比较偏重于技术创新,后两种则超越了技术,尝试更好地与高校中的优秀年轻学子进行连接,挖掘他们的创新潜力和洞见。因为从过去几年的创新历程来看,许多中国著名高校的学生在创新创业方面有着非常不错的成绩,而且他们对于模式方面的创新尤其有着很高的敏锐度。这都是许多企业欠缺,并且愿意通过合作进行弥补的。

　　在之后的案例中,我们可以从不同的视角来看企业及高校、研究机构在开放式创新方面的实践。

- 研究前沿技术:我们来看一下华为是如何通过 HIRP(华为创新研究计划)和全世界著名的高校进行合作,进行前沿技术的研究的。当然,对前沿技术进行研究,花费和投入是巨大的,但是收获却需要一段时间才得以体现,这也是基础理论与商业应用之间始终存在巨大鸿沟的原因之一。

- 探索应用技术:从 NAO(巴斯夫亚洲开放研究网络)的案例中,我们

可以看到巴斯夫是如何通过博士后项目（PostDoc）与亚太地区的顶尖学术机构建立联系的。在中国主要进行哪些应用技术的研究，是巴斯夫总部和中国区域领导层进行广泛的沟通，基于对中国市场的了解，所做出的决策。

- 专利技术转化：从上海交大知识产权管理有限公司（以下简称上海交大知产公司）的案例中，我们可以看到高校是如何破解企业和高校在专利技术转化中的难题的，同时通过比较中美两国在专利技术转化模式上的差异，我们可以思考未来机制体制如何进一步发展和优化。

- 寻找合作企业、挖掘创新观点：从清华大学 x-lab 的案例中，我们可以看到企业是如何跨越之前和教授在技术领域进行合作的边界，同富有创新动力的高校学生建立合作，探索创新合作模式的。

从参与开放式创新的企业主体的角度来说，企业的研发部当然是与高校、研究机构合作的不二选择，之后诸如企业市场部、战略部等部门也会依据情况加入。企业和高校、研究机构的合作起始于技术，但是随着合作的深入及对新的模式的不断探索，挖掘创新人才、寻找合作伙伴、提升公司品牌形象等内容也逐步包含在合作之中。

不仅限于技术，并不是说要脱离技术。如果企业和高校、研究机构的合作脱离了技术，只是纯粹追求所谓的曝光和市场宣传，这就有些舍本取末了。

之后，我将要介绍的案例包括：华为、巴斯夫、上海交大知产公司，以及清华大学 x-lab……

华为:联动高校,高效创新

对于华为来说,2018 年以来发生的事情真是令人唏嘘不已。

2018 年 12 月,美国斯坦福大学宣布停止与华为的研究合作;2019 年 1 月初,英国牛津大学宣布停止接受华为的捐助;2019 年 2 月,美国加州大学伯克利分校宣布停止和华为进行新的研究合作;2019 年 4 月,美国麻省理工学院表示,停止和华为的合作……

唏嘘之余,我们惊讶地发现,原来华为已经同那么多世界顶尖学府开展研究合作了!而且根据华为公司董事徐文伟先生的介绍,华为每年在资助及与大学建立合作关系方面的支出超过了 3 亿美元。

为什么 ICT 巨头华为要与大学合作?为什么大学和研究机构在开放式创新中会扮演如此重要的角色?

高校和研究机构:开放式创新的不竭动力

从历史的经验来看,高校和研究机构一直是优秀人才的聚集之地,是知识进步和科技研发的重镇。在西方发达国家(尤其是美国),高校和研究机构往往将基础研究、应用研究和开发研究共同"打包",一个研究项目常常可以派生出若干应用,不仅能收获专利、发表论文,还往往能收获产品,甚至孵化出公司。

正是出于这样的原因,企业同高校及研究机构进行合作,已经成为全球各地进行开放式创新最为普遍的方法了。美国的许多高校都设 OTL(Office of Technology Licensing,技术转移办公室),负责连接科研人员和企业界,推动科研成果的转化。大学和研究机构早已成为开放式创新的不竭动力!

任正非:让高校的灯塔照亮华为

其实早在 1999 年,华为就设立了华为高校基金。当时基金仅仅覆盖中国的高校,并且聚焦在通信领域。在 2010 年,华为将基金升级为 HIRP,并且将资助范围扩大到欧洲的高校,研究范围也扩大到整个 ICT 领域。

2014 年,华为创始人任正非先生创造性地提出"一杯咖啡吸收宇宙能量"的说法,即采取开放式创新,在坚持内部开发的同时,积极对外开放,进行广泛合作。但是在华为开始实践开放式创新理念的时候,却发现自己正面临信息不对称的问题:首先华为很难找到合适的学术界合作伙伴,其次学术界也没有合适的渠道与华为建立联系。

于是,HIRP 成为华为实践开放式创新,连接华为与高校、研究机构的重要桥梁,经过几年的演化发展,目前形成了以"exploratory""open""flagship"3个类别为主的结构。

- exploratory:资助技术峰会、论坛等,进行创新思想交流。

- open:每年向全球公开发布研究资助方向,将 ICT 领域的前沿技术需求、难题和创新想法传递给高校和研究机构。经过华为技术专家小组及受邀技术专家的综合评审之后,华为将给予入选项目资助和支持。项目主要为周期是 1～2 年的中短期项目,资助金额约 3～7 万美元。

- flagship:邀请某领域内顶尖的学者,就该领域的技术难题进行讨论,共同实现研究突破。项目主要为周期是 2～3 年的长期项目,资助金额也更为慷慨,视具体的研究内容而定。

以 HIRP Open 为例,2018 年华为推出了 180 个研究课题,涉及 20 个学科领域,其中包括大数据、人工智能、无线通信、数据管理、区块链技术等。从 2018 年 4 月 15 日到 2018 年 5 月底,全球顶尖高校和研究机构的学者都可以提交研究计划方案。2018 年 6 月,华为宣布入选的项目,并在 2018 年 9 月之前同学者们签署合作研究协议。合作研究的方式多种多样,包括联合研究、赞助研究等,知识产权可以归属于高校和研究机构,也可以和华为分享。

在合作的过程中,华为投入高端研究资源,从产业的角度提供专业见解,分享真实的验证环境和真实的约束条件,帮助基础研究的科研成果实现转化。

目前,HIRP 已经覆盖全球 30 多个国家、400 多所高校(包括全球排名前 100 的大学),资助了超过 1200 个创新研究项目。曾经或现在参与计划的专家学者、研究人员中,包括两位诺贝尔奖获得者,100 多位美国电气和电子工程师协会(IEEE)和美国计算机协会(ACM)会员。其中许多项目已经取得重大技术突破,并且被成功商用。例如:华为与慕尼黑工业大学合作研发的手机噪声处理技术,已经被应用于华为手机;德国国家工程院院士提出了将无线领域的方法应用于光通信的构想,大幅降低了光传输产品所用芯片的功耗。

以 HIRP 为基础,华为在全球建立的 16 个 Open Lab(开放实验室)、26 个能力中心、36 个联合创新中心、1500 个实验室,积极参与当地的科研交流。华为内部的 17 位 Fellow(华为的顶级技术专家,华为内部也称他们为"科技外交家")每年也至少花费 1/3 的时间,与全球知名大学交流,参与国际高端论坛,跟踪全球最先进的技术和思想。

虽然 2018—2019 年遭受外部因素的影响,但是华为和学术界的合作依然处在"进行时"。就在 2019 年 4 月 16 日,华为宣布成立战略研究院,每年继续投入 3 亿美元支持基础科学、基础技术等创新研究。今后 5～10 年华为探索的领域包括:光计算、DNA 存储和原子级制造等。

基础理论与商业应用之间一直存在巨大鸿沟,这一鸿沟被称为"死亡谷",中间需要投入大量的资金及时间成本。开放式创新的理念使得产业界和学术界直面跨越"死亡谷"的问题,并且在同一框架下进行更加紧密的合作。

当然,跨越"死亡谷"往往是九死一生,成功往往是偶然的。以开放式创新的理念同高校及研究机构进行持之以恒的合作,持续创新,这是华为给我们大家展示的生动案例!

巴斯夫：通过 NAO 汇聚专业人才

巴斯夫的科学家沈博士即将迎来在公司内部的一次职业转换，她想起了几年前在清华大学校园，和巴斯夫结缘的点滴。

在清华大学化学工程系高分子研究所求学期间，师从国内顶尖研究者阚成友教授的沈博士，因为研究木器用透气性涂料，入选了巴斯夫在亚太地区的博士后项目。在阚教授及巴斯夫科学家的联合指导下，沈博士的研究成果取得了积极的进展，获得了巴斯夫亚太区研发专家们的好评。在博士后出站之后，沈博士加入了巴斯夫的研发团队，继续进行着先进材料和系统的研究。

沈博士参与的博士后项目是 NAO 的重要组成部分，通过 NAO，巴斯夫同亚太地区的学术界建立了联系，形成了活跃的合作平台。

其实巴斯夫同高校、研究机构的合作，可以追溯到 100 多年前……

茜素和合成氨

巴斯夫成立于 1865 年，首任研究主管、化学家海因里希・卡罗（Heinrich Caro）在 1869 年通过与两位来自柏林的教授卡尔・格雷贝（Carl Graebe）和卡尔・利伯曼（Carl Liebermann）的合作，成功合成了天然染料茜素，并将其用于棉花的染制，它成为巴斯夫的第一个成功的全球性销售案例。从此之后，巴斯夫的研发团队一直保持着和学术界的密切交流，并在发展过程中研发出伟大的合成氨。

1918 年诺贝尔化学奖获得者弗里茨・哈伯（Fritz Haber），在 1904—1907 年进行的关于合成氨及氮氧化物转化的研究，获得了巴斯夫的关注，并在之后获得了巴斯夫的投资。巴斯夫的研究部主任卡尔・博施（Carl Bosch）基于哈伯实验室合成氨的方法，开发出全套的高压大规模反应设备，完成了合成氨的工业化生产。卡尔・博施因此在 1931 年获得了诺贝尔化学奖。

合成氨的工业化生产完全改变了农业的格局，随之带来世界范围内的农业发展和人口增长。巴斯夫的合成氨工业也迅速发展，并使巴斯夫成为世界领先的化工企业。这个历史上经典的案例，一位高校化学家与企业工程师的密切合作，证明了汇集内外部不同领域的专业知识能够缔造成功。

从欧洲、北美到亚洲

巴斯夫在欧洲一直保持着和高校、研究机构的积极合作，并在 2011 年设立先进材料与系统联合研究网络（JONAS），与法国斯特拉斯堡大学、德国弗莱堡大学等共同研究纳米技术和聚合物化学。之后，2013 年巴斯夫在美国设立北美先进材料研究中心（NORA），同哈佛大学、麻省理工学院等共同研究材料和聚合物。

中国在城市化快速发展的过程中，对城市基础设施、交通出行、楼宇建筑、生活消费等方面提出了更高的要求。而且某些行业的创新已由亚洲国家主导推动，例如电动汽车和制鞋业。如何通过化学创新助力城市化的发展？巴斯夫早在1994年就在上海建设创新园，并在2012年扩建并设立亚太创新园，使该园该成为亚太地区的研发枢纽，以及巴斯夫在德国以外最大的研发基地之一。

与此同时，越来越多的中国、日本、韩国的高校和研究机构在众多领域大力发展，在专利数量上也有很大的增长。

为了更好地了解与服务以中国为代表的亚太市场，与区域内的顶尖高校和科研机构进行联系、交流和合作，使更多的学术研究成果实现工业化生产，巴斯夫于2014年在上海发起了NAO，首批加入NAO的学术伙伴包括清华大学、复旦大学、京都大学、汉阳大学等亚太地区顶尖的学术机构。

在2014年，缩写NAO的A代表advanced materials（先进材料），但由于亚太市场的快速发展、业务部门的积极好评，在2017年A变成了Asia（亚洲），研究课题也从先进材料领域拓展到涵盖巴斯夫三大全球技术平台的所有研究课题，三大全球技术平台包括先进材料及系统研究平台、生物科学研究平台、工艺研究及化学工程平台。目前，NAO项目涵盖新单体和聚合物、表面和界面化学、催化、农保产品、涂料及数字化等研发领域。

博士后、青年学者与大学生

NAO博士后项目是巴斯夫在亚太地区与顶尖学术机构进行合作的重要组

成部分。每年,NAO 团队都会根据研发团队和业务部门的需求,综合自身对前沿技术发展的研究,对学术界的教授或其他研究人员提出多个课题,招募合作的学术机构的博士后进行研究。

在博士后入选之后,巴斯夫会提供资金支持,同时会安排一位科学家和学术机构的教授共同对博士后进行指导,并提供市场发展趋势等方面的洞见。基于博士后的研究,NAO 团队会帮助对接巴斯夫的研发团队,验证研究成果,加速研发成果转化为产品的进程。

通过博士后项目,高校和研究机构的科学家们可以结合市场动态和终端消费者的需求修正研究方向,促进研究进入工业流程。同时,巴斯夫的研发团队可以接触到最前沿的技术和业务发展,并对研究方向进行快速验证。

基于 NAO 的博士后项目,巴斯夫还会组织一年一度的"NAO 创新汇"活动,邀请博士后们与巴斯夫的科研人员、业务部门的同事及区域内顶尖高校的教授共同合作交流。除此之外,巴斯夫还通过与中国化学会合作,设立"中国化学会—巴斯夫公司青年知识创新奖",来为更多的青年科学家提供科研资助。

除了与青年学者、博士后合作,巴斯夫也为大学生们设立了课程和众多活动,向他们展示化学这门学科。NAO 和北京大学联合推出了一门专为非化学专业的大一新生设计的选修课程——"魅力化学",之后还将该课程推广至华东理工大学、同济大学等众多高校。在 2019 年,巴斯夫还携手清华大学创新创业教育平台 x-lab,启动 Innovate(48)[①]创新创业项目挑战赛,获奖团队还有机会直接进入 NAO 博士后项目。

正是通过博士后项目及众多为大学生们开设的课程,巴斯夫在亚太地区借助 NAO 建立了与高校、研究机构的合作关系,推动开放式创新,同时吸引了众多优秀的人才在毕业后投身化学行业,其中有许多人才选择加入巴斯夫。

---

① 一个历时 48 小时的创新创业项目的名称。

沈博士去哪儿了?

即将在公司内部进行职业转换的沈博士的下一站,正是 NAO。随着研究领域的扩大,NAO 团队也需要更多的专业人才。从专业的研究人员到 NAO 的技术专家,沈博士不再局限于自己的研究领域,她经常和业务部门的研发小伙伴一起交流切磋,了解他们对技术的需求和期待。

除此之外,沈博士需要继续在自己的先进材料领域做深入的挖掘,了解技术的发展趋势及学术界的最新动态。她还需要利用自己在学术领域的专长与资源,为 NAO 拓展更多的学术交流伙伴。

伴随越来越多像沈博士这样的专业人才的加入,NAO 也为巴斯夫在亚太地区汇聚了更多顶尖的科学家。

企业与高校、研究机构的合作由来已久,这种合作是开放式创新理论研究的缘起。通过合作,学术界可以了解市场的动态,加速研发的产业化落地;企业界可以了解最新的学术动态和领先技术,与此同时快速验证自己的研发构想。通过这种多方位合作,企业界和学术界能实现共赢发展。

但是知易行难,在实际发展的过程中,高校的研究成果与商业应用之间依然存在着巨大鸿沟,需要巨大的投入及长时间的积累。是否可以在复杂的商业环境中持之以恒地同学术界进行合作,刷新研究的边界?面对市场的压力,做出肯定的回答变得很难。

此外,亚洲市场的迅速发展带来的本土化需求,以及区域内研究机构日益增长的研发能力,也在向众多在华经营的外资企业提出问题:是否可以把企业在欧美国家与高校、研究机构合作的模式复制到中国?是否可以增强中国的研发力量,甚至使之反哺总部?

　　这些都是企业与高校、研究机构合作过程中会面临的诸多难题，特别是那些在中国的外资企业会面临的挑战。从这个层面上来说，巴斯夫的 NAO 也许可以成为许多企业研究学习的优秀案例。

上海交大:破解科技成果转化的难题

2020 年春节期间,没法去实验室,只能在家待着的张教授和戴教授打了很长时间的电话。他们是高中同学,之后在不同的城市求学、研究、任教,现在都已经到了知天命的年纪了。

难得空闲的两位教授聊得海阔天空,他们分享取得成果的喜悦,也为许多科研上的难题伤透了脑筋。在聊科研、聊学术之外,戴教授也分享了这几年困扰他的一个问题。

戴教授是新材料技术领域的专家,发表了许多论文,也拥有许多发明专利。一年多前,他的一位博士生毕业后加盟了一家企业,向该企业介绍了老师戴教授的某项专利之后,该企业非常感兴趣,希望同戴教授合作,基于专利进行产品开发。

戴教授很欣喜,他希望自己的发明专利可以真正得到应用;同时他又有许多烦恼,几十年在实验室埋头苦干的他,除了在讲技术、讲科研的时候滔滔不绝,其他时候都非常腼腆,也完全不知道该如何和企业聊股权、协议、法务等事宜。

与此同时,企业也非常焦急,希望尽快应用戴教授的专利进行产品研发,并将产品推向市场。一年多的等待时间让企业少了很多热情。戴教授的博士生和老师说,企业已经在寻找其他技术方案了。

　　听完戴教授的分享,张教授很有感触。他曾经遇到类似的问题,幸好,他所在的上海交通大学(以下简称上海交大)帮助他破解了这个难题。

60%的知识产权给发明人

　　时至今日,企业在同高校和研究机构开展合作的过程中,科技成果的转化一直都是困扰双方的难题。大学教授或科研人员在学校任职期间所做的发明、研究及基于此获得的专利,都被看作是职务发明,100%归高校和研究机构所有。

　　但是许多专利在申请注册之后,就"养在深闺人未识",在文件柜或是专利池中渐渐没了声响,即使在每年一度的中国国际工业博览会的高校展区上进行展示,并获得了许多企业的关注和认可,在后续的成果转化进程中也依然行路坎坷,真正可以实现产业转化的专利研究寥寥无几。

　　这种状况被许多研究者归因于三个"不清晰":首先,企业有需求,但负责对接的高校及科研机构部门不清晰,使得企业的需求无法和专利匹配;其次,即使企业通过和教授、学校联系,了解了教授的专利,并有兴趣将其进行技术转化,形成产品和服务,但究竟如何操作依然不清晰,如此一来往往会产生学校内部多个部门"踢皮球"的情况,最后延误时机,企业也只能另寻高明;最后,即使企业兴趣浓厚,希望和教授、学校进行沟通,但是教授和学校在如何进行商务谈判、如何讨论专利入股和收益分配等问题上不够专业,项目即使到了临门一脚之时,也往往费尽周折。

　　这些问题在 2015 年之后形成了巨大的"堰塞湖",亟待创新性的解决方案。我在访谈中得知,在"双创"和"创新转型"的背景下,上海及其他长三角区域的许多企业对原创性的专利技术、对科技成果的转化,都有着很强的需求。与此同时,上海的许多高校又凭借领先的科研能力积累了许多专利技术,例如上海交大的存续专利就达到了 6000 余个,位居全国前列。企业和高校如何进行合作,共同进行专利技术的产业转化,成为多方讨论的重点。

在这样的背景下,上海交大于 2015 年成立了学校全资控股的上海交大知产公司,解决科技成果的转化问题。2019 年上海交大也入选了教育部高等学校科技成果转化和技术转移基地。截止到 2020 年 2 月,上海交大知产公司已经以知识产权入股了 32 家项目公司,其中已经有 3 家公司在做上市准备。

经过几年的摸索,上海交大知产公司已经摸索出了"知识产权作价入股"的模式,并且在项目的前期、中期和后期的具体运营上面积累了丰富的经验。

在项目的前期,上海交大知产公司对企业的需求和上海交大教授的研究成果进行需求匹配,评估技术转化的可行性。在此期间,上海交大知产公司也会对意向合作的企业进行背景调查,了解并确认其资质和能力。在合作的基础上,上海交大以"一元作价"的方式将教授的知识产权转移到上海交大知产公司。

在项目的中期,经过严格的资产评估,上海交大知产公司通过知识产权入股的形式,与需求企业合资成立新的公司。上海交大知产公司所持有的股份,40%归属于上海交大,60%归属于专利发明人。而且根据发明专利权证,将对应股份归属到对应的发明人名下。在此过程中,上海交大知产公司将进行商务谈判、法务跟进、协议签署等专业支持。

在项目的后期,上海交大知产公司还会进行投后管理,确保科研成果的顺利转化。所获取的收益的 60%将由上海交大知产公司和专利发明人分享,剩余40%中有 20%归属于学校,20%归属专利发明人所在的学院,从而达到多方共赢的效果。

我在调研的过程中还了解到,对企业和高校教授而言,知识产权入股的形式还产生了更为积极的双赢效果。除了上文提到的三个"不清晰",以往企业和高校的技术成果转化基本采用专利权直接购买的方式,这样企业承担了最大的风险,教授对技术的进一步研究和后续优化升级,也往往缺乏动力。

　　在知识产权入股的模式下,企业和高校成为合作伙伴,共同承担风险,也共同享受科技成果转化带来的收益。教授成为股东之后,对科技成果转化有了更高的积极性:比如,会继续进行更进一步的研究;又比如,根据企业在实际运行过程中产生的问题或者市场反馈,进一步研究并改善方案,协助企业进行研发,助推研究成果早日实现产业转化和生产。

美国大学技术转移:OTL 与技术经理人

　　上海交大知产公司的探索和运作,破解了以往国内高校在科技成果转化方面的难题。过去几年,国内高校的论文数和专利申请数等取得了令人瞩目的增长,但是科技成果的实际转化和社会价值却不高。一方面是企业的创新型需求无法得到满足,一方面是众多专利被束之高阁。这其中很大的原因,是大部分的国内高校和科研单位是以教授和研究者作为主体去和市场、和企业对接,去做成果转化。而美国大学的技术转移模式,则是由专门机构来负责科技成果的转化,教授们则专注于本职工作——教学、科研和学术人才培养。

　　我在前文介绍了美国于 1980 年制定《拜杜法案》,该法案允许大学和公司合作,将发明专利推向市场。在此基础上,美国的高校也从 20 世纪 80 年代开始探索科技转化,并且进行了很好的实践。

　　目前美国大学的技术转移模式主要分为以下几种:OTL 模式,斯坦福大学首创;研究公司模式,加州大学伯克利分校教授弗雷德里克·科特雷尔(Frederick Cottrell)首创;校友研究基金会模式,威斯康辛大学哈利·斯坦博克(Harry Steenbock)教授首创。从 20 世纪 90 年代开始,OTL 模式受到大多数美国大学的认可,成为当代美国大学技术转移的主流模式。

　　在 OTL 模式中,专利发明人向 OTL 提交"发明和技术披露表",技术经理人(Technology Manager)将负责此后的全过程,包括是否要替此发明申请专利及之后的技术评估、营销谈判等一系列过程。1989 年,北美大学技术经理人协会(AUTM)应运而生,技术经理人也成为推动技术转移的主要操作方。

未来的探索及需要继续破解的难题

从美国 OTL 模式的实践及研究来看,技术经理人往往都是具有较强专业技能的博士、工商管理硕士等,他们通过大学技术经理人协会与大学、科研机构进行广泛的合作与联系。技术经理人既有技术背景,又了解法律、经济和管理,同时在专利营销和专利许可谈判方面有很强的能力。

在技能要求如此丰富和精深的背景下,利益分配和激励措施就显得尤为重要。在 OTL 模式的利益分配中,OTL 一般占 15%(自收自支),学校占 85%,其中技术发明人、院系和学校各占 1/3。合理的利益分配和激励机制既吸引了许多技术专才和工商管理人才加入 OTL 成为技术经理人,也促进了科技成果转化的良性循环。

而国内的探索,我们以上海交大知产公司为例,上海交大知产公司的收益基本都归属于学校、学院和发明人,但对具体操作的公司及个人的利益分配和激励措施是明显缺位的。在这样的情况下,如何吸引高质量的人才加入并成为“技术经理人”就成了难题。而技术经理人积极主动联系企业,了解需求,并进行专利技术的营销,更是小概率事件。

除了知识产权入股,上海交大知产公司也在探索自主转化的创新模式。在《中国(上海)自由贸易试验区内医疗器械注册人制度试点工作实施方案》出台之后,上海交大医学院附属第九人民医院的戴尅戎院士、王金武教授团队的“定制式增材制造膝关节矫形器”项目就在上海交大知产公司的协助下,以上海交大知产公司作为申报主体,上海医疗器械生产单位为受托生产企业,成功申请了医疗器械注册证并获批上市。

企业和高校及研究机构合作，将企业的研发边界扩大，引入高校的专利技术并进行产业转化，这是开放式创新研究的起点，具有很长的实践历史。但是长时间以来，由于机制体制和法律法规方面的不足，国内高校和研究机构的科技成果转化总是处于"不清晰"的错配之中，艰难起步，成果寥寥。

在符合市场机制的操作模式下，以知识产权入股项目公司，使得高校、教授和企业可以获得多赢，同时会进一步促进研究的深入——这是上海交大知产公司的实践和探索给予我们的启发。当然，如何进一步在机制上进行松绑，完善激励措施，使得更多的专业人才可以投身科技成果转化的事业之中，并逐渐形成中国的 OTL 模式，是许多有识之士共同的期待和心声。

清华大学 x-lab：挖掘未来的创新之星

2019 年 10 月 28 日,北京,清华大学。

回到母校的文君今天特别激动,服务于顶级券商的她长期关注化工版块。在前不久中化国际(控股)股份有限公司(以下简称中化国际)收购西班牙特种工程塑料生产商 ELIX Polymers 的过程中,她也提供了服务支持。今天中化国际要和她曾经就读的清华大学合成与系统生物学中心签署战略合作协议,她非常开心。

签约仪式的另一位主角——北京蓝晶微生物科技有限公司(以下简称蓝晶微生物),却让文君有些意外。蓝晶微生物是一家成立仅仅 3 年的初创企业,当时还没有完成 A 轮融资①,但清华大学已经和蓝晶微生物计划共同出资建设全球最大规模的 PHA(聚羟基脂肪酸,一种高分子生物材料)生产基地。

在文君疑惑的时候,她的师妹对她说,这家初创企业来头可不小,这是清华大学—以色列特拉维夫大学联合技术转化中心 XIN 中心的首批扶持企业,而且创始团队早在 2014 年就加入了清华大学 x-lab。

---

① 2019 年 11 月 15 日,蓝晶微生物完成了 4000 万元 A 轮融资。

清华大学 x-lab，文君的思绪回到了她的校园时光，回到了清华大学科技园科技大厦的地下一层……

从清华大学 x-lab 走出的中化国际战略合作伙伴

2013 年，清华大学 x-lab 正式成立。从成立初始，清华大学 x-lab 的定位就是"创意创新创业人才的发现和培育的教育平台"，它通过课程、活动、团队培训和资源对接等不同形式，帮助清华大学的莘莘学子将一个好点子变成一个好的商业方案，再变成一家新公司，并进行可持续的发展。截止到 2020 年年初，已经有超过 1500 多个来自清华大学在校学生或者清华大学校友的创新项目在不同阶段加入清华大学 x-lab，注册公司的项目融资金额已经超过了 30 亿元。

以蓝晶微生物为例，2014 年 11 月，当时还是清华大学博士研究生的李腾和北京大学博士研究生张浩千组建了学生创业团队，并且在同年 12 月加入了清华大学 x-lab。之后，他们参与了一系列创业培训，培训内容包括发展战略、运营管理、财税法培训及股权激励方案等，这些有针对性的课程让这个年轻的学生创业团队快速成长，让他们在打磨技术的同时，也非常关注市场的接受度及未来产品的产业化方向。另外，在清华大学 x-lab，创始团队还有机会和来自其他不同院系、专业及众多驻场机构——包括投资机构、律师事务所、会计师事务所、知识产权事务所——等开展交流。

在清华大学 x-lab 的帮助下，蓝晶微生物的创业团队获得了 2015 年清华大学第二届"校长杯"创业大赛的总冠军。2016 年，蓝晶微生物正式注册成立。之后的几个月，清华大学 x-lab 帮助蓝晶微生物进行了多次和投融资机构的对接洽谈活动，帮助蓝晶微生物更好地进行投融资规划。最终，蓝晶微生物获得了由峰瑞资本领投、启迪创投跟投的 560 万元天使轮融资。2017 年，蓝晶微生物在伦敦举行的全球企业投资峰会（Global Corporate Ventuing）上获得了"可持续发展"类别奖。

在发展的过程中，蓝晶微生物的合成生物技术平台——蓝水生物技术逐渐受到众多企业的关注。利用这项技术，企业可以将生物可降解材料 PHA 的生产成本大幅下降。最终在 2019 年 10 月，水到渠成，这家从清华大学 x-lab 走出的创新团队来到了舞台的中央，成了央企中化国际的战略合作伙伴。

从创新教育到企业创新来源

在调研过程中，我感受到，清华大学 x-lab 和其他高校或者商业化运行的创新机构——例如孵化器等——最大的不同在于，清华大学 x-lab 更为关注的是学生的成长，而不仅仅是项目。

清华大学 x-lab 从设立之初，就非常鼓励清华大学的在校师生或者校友来聊聊创新创业的想法。每周四下午的新项目见面会，清华大学经济管理学院的老师、清华大学 x-lab 的管理团队，包括法律、金融、知识产权等方面的专家都会参与并进行交流。许多专家，比如投资公司的投资人、具有企业管理经验的资深人士等，都是以校友或者导师的身份前来，在整个过程中没有收费或者寻求占股。在交流过程中，校内外导师更为关注对工具和知识的分享，希望在校师生或者校友可以利用这些工具和知识，不断完善自己的创意，将其打磨成创业计划，并逐步寻求技术和商业的结合点。

清华大学 x-lab 在创新创业方面的探索也吸引了许多国际领先的行业巨头的关注。这些企业在思考，如果公司从自身的创新战略出发，给予清华大学的在校师生和校友们一些命题，是否可以借此获得更多更具开放性的创新建议，从而给予公司研发和市场人员以启发？

在这样的思考下，清华大学 x-lab 在 2019 年和雀巢、巴斯夫等全球知名企业进行了探索和尝试。以雀巢为例，2019 年 7 月 1 日，雀巢和清华大学 x-lab 合作，举办了"包装可持续性联合创新挑战赛"。经过招募和组队，2019 年 9 月—2019

年 10 月,由清华大学各院系同学们组成的项目团队通过理论学习、实地走访和创新冲刺训练,在导师的指导下,更为系统和深刻地了解了可持续包装,并且进一步明确了创新的方向。

在之后的两个月,导师对项目团队进行了一对一的辅导,并帮助团队成员们对各自的解决方案不断进行调整和打磨,最后形成提案,在决赛上进行成果展示。其整个流程非常类似于孵化器孵化项目的过程,但不同的是,参与其中的绝大多数是清华大学的在校学生,参与挑战赛的过程也是他们自身学习和进步的旅程。

在 2020 年 1 月 10 日的挑战赛决赛上,来自不同院系的 31 名学员组成的 9 支参赛队,在雀巢中国 CEO、雀巢研发中国总经理、雀巢大中华区策略与业务发展部负责人、研发科学技术转化部负责人等企业高层及清华大学经济管理学院、美术学院、环境学院等学院的知名教授面前做了精彩的展示。

清华大学 x-lab 的这些探索也给企业实践开放式创新带来了许多启发。以往企业同高校和研究机构的合作,更多侧重于和教授的合作,更多着眼于重要课题的探索及专利技术的转化。近年来,许多企业意识到,大学里面朝气蓬勃的学生也是企业在创新领域可以合作的伙伴。他们不仅可以通过诸如创新挑战赛、黑客马拉松等活动对企业有更深的了解,还可以为企业的创新转型贡献自己的创意。同时企业可以在实战中挖掘能满足公司业务发展需要的创新人才。这样的探索也为企业和高校、研究机构合作进行开放式创新提供了更多的思路和选择,促进彼此之间建立更为紧密的合作关系。

第三章

企业与初创公司的
开放式创新实践

看起来很美，做起来很难

　　大企业与初创公司的创新合作是近年来开放式创新研究的热点话题。外部观察者匆匆一瞥，很容易得出这样的假设：大企业与初创公司是天作之合——大企业缺乏领先的技术，采取的商业模式也较为陈旧，但是多年积累的行业经验与网络资源是它们的优势和竞争壁垒；初创企业拥有面向未来的颠覆性技术和商业模式，如果有渠道和资源的支持，就可以有更大的发展空间。

　　但这个假设在实践中遇到的难题在于，一方的需要，恰恰是另一方最为关键的资源，如果没有充分的信任和保障，是很难向对方开放的。

　　除此之外，双方的心态也是阻碍双方进一步合作的潜在力量。一方面，大企业希望通过与领先的初创公司合作，了解新技术和新模式的应用方式，并在此基础上加速自身产品和服务的创新和战略转型，所以许多大企业是从供应商的角度来看待诸多创新企业的。另一方面，许多初创企业在狂飙突进的时代，从创立之时就是以颠覆者的身份出现，创业者心中真实的敌人就是这些在位的行业巨头。所以手握打开未来之门的科技钥匙的它们，是希望以合作伙伴的身份来与企业进行合作的，而不仅仅是传统意义上的供应商。

　　所以，看起来是天作之合，在实践中往往话不投机，一拍两散。

但还是有许许多多优秀的大企业和初创企业看到了合作对双方的价值。于是许多大企业成立了创新团队,通过各种不同的模式开展开放式创新的实践,和初创企业探索面向未来的合作。

我认为,目前国内的大企业和初创企业的合作,主要分为以下几种模式:产品原型概念验证、创新产品合作开发、新模式的商业试验,及战略方向兼并收购。

前两种模式是目前应用较多,也较为成熟的模式。许许多多创新生态系统的服务提供商,例如加速器、孵化器等,在其中扮演了重要的角色。前两种模式更多是二者产品和服务的紧密结合。后两种模式比较超前,更多和企业的战略转型及新模式的探索相关。

| | 较为成熟的模式 | | 新探索的模式 | |
	产品原型概念验证	创新产品合作开发	新模式的商业试验	战略方向兼并收购
期望目标	通过与初创公司的合作,探索和验证新技术在公司现有产品体系内的适配性,为产品开发提供真实数据支持	企业以技术采购或者联合产品开发的形式,与初创公司共同开发新产品并向市场推广	企业战略规划提出的新模式,通过和初创企业合作的方式进行商业试验,在此基础上大规模在公司母体推广	企业致力于战略转型,但目前存在短板,希望通过兼并收购初创企业的方式快速提升能力
参与部门	研发部、创新部战略部	研发部、创新部采购部	战略部、创新部研发部、投资部	战略部、创新部投资部
公司获益	以较低的成本验证新技术与现有产品的适配性,并熟悉新技术的应用方式	抢先绑定具有未来发展潜力的技术供应商,并率先应用新技术	在不影响公司母体现有业务开展的情况下,以低成本的方式探索新模式	通过兼并收购快速弥补公司的能力短板,并以此为支点进入新的领域
困难和风险	需要内部相关部门提供支持,短期的收益不明显	需要内部成熟团队进行标的筛选和内部协调,短期收益不明显	需要内部具有企业家精神并熟悉公司业务和流程的团队进行模式探索	投资部门和业务部门需要合作,标的的估值及未来潜力等

▲ 大企业与初创公司的开放式创新实践模式

观察这四种模式,其实都对企业内部的创新团队,甚至是创新领导人,提出了很高的要求。他们需要扮演"桥梁"和"翻译官"的角色,在双方拥有诸多不同建立合作。从这个角度来说,许多在开放式创新实践方面表现优异的企业,其实真正的财富在于它们的团队,它们的创新领导人!

在之后的几个案例中,我们可以从不同的视角来看各家大企业与初创公司在开放式创新方面的实践。

- 产品原型概念验证:通过戴姆勒股份公司(以下简称戴姆勒)、飞利浦、米其林、默克集团(以下简称默克)、法国巴黎银行在中国进行的开放式创新实践,了解这些企业是如何通过加速器、孵化器等创新机构,与初创公司来共同探索和验证创新技术在公司现有产品体系内的适配性的。

- 创新产品合作开发:通过宝马、海尔在中国进行的开放式创新实践,观察大企业是如何发现和挖掘具有领先技术的初创企业,以技术采购或者联合产品开发的形式,与其共同开发新产品,并向市场推广的。

- 新模式的商业试验:通过博世集团(以下简称博世)、冯氏集团公司(以下简称冯氏集团)在中国进行的开放式创新实践,了解开放式创新如何助力公司的战略转型,如何在远离母公司的情况下进行低成本试验,来验证或者探索公司新的商业模式。

- 战略方向兼并收购:通过 BP 在中国进行的开放式创新实践,看一下企业是如何对领先的初创企业进行兼并收购,补足战略短板,并以此为支点进入新的领域,逐步实现公司战略转型的。

从参与开放式创新的企业主体的角度来说,大企业的创新部门和创新团队在其中扮演着最重要的角色,穿针引线,铺路搭桥。但是这一定不是创新部门的独唱,还需要研发部门、战略部门,乃至之后的投资部门共同协作,才可以完成这些开放式创新的实践和探索。

我们也可以看到,即使这些企业在开放式创新的实践中已经表现优异、脱颖而出，但是将这些成果转化成商业化的产品和服务，依然需要很长的时间。从短期来看，虽然对财务上的贡献依然有限，但许多创新项目已经在高速增长。

从这个角度来说，大公司领导层对开放式创新的支持，是实践开放式创新的根基和保障！

在之后的内容中，我们将介绍的案例包括：戴姆勒、飞利浦、米其林、默克、法国巴黎银行、宝马、海尔、博世、冯氏集团，以及 BP……

戴姆勒：百年国际汽车巨头为何牵手年轻的中国创业者？

汽车行业的从业者，最近几年比较烦。电动汽车、共享出行及新势力造车……年轻的互联网背景的新玩家磨刀霍霍，就是要让原有的汽车玩家们挪个位、让个座。终局之战，似乎一触即发！

视线转向北京：此刻，来自全球最伟大汽车企业之一的戴姆勒的诸多中外行业专家，还有来自十几家中国科技创业公司的年轻科技精英们，正在一起畅谈科技带给汽车行业的变化，并且深入讨论如何利用最新的技术来改造现有的汽车。他们参与的活动，是戴姆勒的"星创高速"项目。

他们为何会聚集在一起？说好的寒冬将至、终局之战呢？为何百年国际巨头要牵手年轻的中国创业者？

初创企业：开放式创新的重要组成部分

在第一章我们已经看到，企业界和学术界的合作由来已久。但是近年来互联网企业用"互联网思维"改造传统行业，使得在位企业急需利用最新的技术，去

71

快速创新发展自身的产品和服务。在这样的整体趋势下,企业和高校及研究机构合作,已经不能满足企业全部的创新需求。企业希望以更加方便落地的方案作为基础进行测试、验证和进一步研发。于是,大企业和初创企业的合作,渐渐走上开放式创新的主舞台。

如果说企业和高校及研究机构的合作,更多是基于高校和研究机构论文和专利,那大企业和初创企业的合作,则更多是基于创业公司已经利用专利开发出的产品原型,甚至就是初代产品。通过这些创新项目,大企业和初创企业有了更多的深度交流,直接针对产品和技术难题,联合打磨方案,并且在真实的商业场景下进行产品原型的测试。

"星创高速":百里挑一,提速 100 天

"星创高速"项目来源于戴姆勒于 2016 年联合硅谷的创新孵化器、德国的大学和研究机构等共同推出的开放式创新项目 Startup Autobahn,戴姆勒以此为媒介接触优秀的初创公司和年轻的创业者,激励并启发戴姆勒研发,加速产品团队自身的创新进程。

2017 年年初,Startup Autobahn 落地中国,并且在 2018 年推出了中国名字"星创高速"。经过了两年的打磨,创新加速营的主体架构已经成型:整个项目过程会经历 7～8 个月,分为预选和百日加速两个阶段。

在预选阶段(pre-selection),"星创高速"的中国运营团队经过和业务部门的沟通,确定业务诉求,即创新加速营甄选范围。通过筛选及外部合作伙伴的推荐,最终由业务部门、创新合作伙伴及风险基金合伙人等组成的委员会,确定入围百日加速营的初创企业。筛选标准不仅仅包括公司的评价,也包括产品、团队、现有客户等,还包括对初创企业创始人企业家精神的考察。

在百日加速阶段（acceleration），在第一天的迎新日（orientation day），业务部门、初创企业及"星创高速"项目邀请的专家，会分项目沟通，确定之后 100 天的计划。之后有 3 次的焦点周（focus week），主要针对项目的进程进行回顾，对技术和商业难点等进行讨论。在路演日（EXPO day）之前，戴姆勒各业务部门的高级领导人还会亲自和初创企业团队沟通交流，确定最后的路演方案。在百日加速的过程中，业务部门会提供数据、测试设备、测试环境等，帮助初创企业将方案与戴姆勒的系统进行融合。

在路演日之后，初创企业和大企业的各业务部门将继续沟通，确定下一步的合作研发事项。有些项目还会进入投资机构的视野，与投资机构进行下一步的沟通和合作讨论等。

电享科技：在"星创高速"的挑战与收获

我们以入围戴姆勒中国首期"星创高速"项目的优秀初创企业上海电享信息科技有限公司（以下简称电享科技）为例。彼时，电享科技刚刚完成天使轮融资，专注于基于 IoT（物联网）的充电一体化软硬件方案。入围"星创高速"项目的百日加速营之后，戴姆勒研发部门的技术专家和电享科技的团队共同探讨了未来 5～10 年的充电应用场景，最终将基于智能硬件的课题作为双方共同努力解决的难题。

在百日加速营，戴姆勒"星创高速"项目的运营团队积极协助电享科技与戴姆勒内部团队进行技术沟通，帮助其理解戴姆勒的业务流程及沟通方式。戴姆勒的技术研发团队也给予电享科技团队充分的支持，其间还邀请德国总部的专家提供建议，对方案给予论证。电享科技也组织了公司最强的技术团队加班加点解决问题、提升方案。70％以上都是从零开始、一度被认为是"impossible mission（不可能完成的任务）"的方案得到了实现。在电享科技的积极努力及戴姆勒的支持下，双方的合作最终在"星创高速"首期的路演日获得诸多赞赏和肯定。

在百日加速营结束之后,戴姆勒的研发团队和电享科技依然保持良好的沟通,并且就电享科技在"星创高速"项目中提出的产品方案进行了长达半年的论证和技术更新,推动了其第二代产品的研发。电享科技也在此过程中收获了经验,并且在后续的产品发展中获得了诸多汽车厂商的信赖,收获了 BP 和雷诺—日产—三菱联盟的战略投资。

不限速的 autobahn

从 Startup Autobahn 到"星创高速",这个起源于德国、融合硅谷元素的项目,到底经历了怎样的中国本土化落地和创新过程呢?

这一切其实早在项目被引进中国的那一刻就已然开始。让我们回到 2017 年的 2 月,德国斯图加特。

2017 年 2 月,当时第一期 Startup Autobahn 的路演日正在斯图加特举行,戴姆勒及合作伙伴还在为这场首秀捏一把汗。此时,远在中国,戴姆勒北京办公室的几位年轻人也在积极关注这场盛会……

2016 年 5 月,戴姆勒与投资机构 Plug and Play、科研机构 ARENA2036 等合作推出创新加速营。戴姆勒希望通过这个项目快速接触优秀的初创公司和年轻的创业者,让戴姆勒这家百年汽车企业可以接触到新思想、新技术,以激励自身研发和产品团队不断创新。

从合作伙伴到项目命名,Startup Autobahn 都展现出了充分的开放性。从合作伙伴的组成来说,Plug and Play 是来自美国硅谷的全球顶级孵化器,曾经投资、孵化了众多明星企业。而 ARENA2036 则来头更大,它是德国高校、科研机构与企业协同合作的成果,参与机构包括斯图加特大学、德国宇航中心、巴斯夫、西门子、库卡机器人有限公司等——几乎都是德国在汽车和机械制造领域的一线玩家。

从项目命名来说,autobahn 在德语中是高速公路的意思。德国的高速公路以"不限速"而享誉全球,戴姆勒也希望 Startup Autobahn 成为连接汽车巨头和初创企业的高速公路,使创新合作不受限制。

2017 年 2 月,Startup Autobahn 的第一次路演日在斯图加特举行,有 13 家初创企业参与。在此之前,它们从 300 多家申请的公司中脱颖而出,经历了 3 个月的培训和导师指导,并且有权使用 ARENA2036 在德国斯图加特大学的高科技工厂内的所有设备。

此时,Startups Autobahn 落地中国的工作,已然展开……

从 Startup Autobahn 到"星创高速"

中国团队的敏锐观察及创新洞见,让戴姆勒斯图加特的团队感到意外和惊喜。戴姆勒原本没有计划那么快就让这一新兴项目在中国落地(当时戴姆勒总部的运营团队也正在摸着石头过河),但是中国市场拥有巨大的吸引力,这对戴姆勒来说十分重要,中国初创企业的活力及当时的积极表现,也使得戴姆勒上下就 Startup Autobahn 落地中国一事迅速取得了共识。但是和在斯图加特不同的是,Startup Autobahn 在中国的运营,没有被交给第三方创新孵化器,而是交给了戴姆勒 Lab 1886(1886 实验室)在中国的团队。

Lab 1886,听名字就可以知道这是在致敬戴姆勒于 1886 年发明的第一辆汽车。这个机构是戴姆勒内部的创新中心,在全球共有 4 个中心,分别位于斯图加特、柏林、亚特兰大及北京。这个机构专注于商业模式创新和项目孵化,把员工天马行空的创新转化为产品和服务，并最终推向市场。

Startup Autobahn 在中国落地之初，Lab 1886 在中国的团队就积极和戴姆勒在中国的各个业务部门联系，获取它们的创新难点和业务诉求。2017 年第一期 Startup Autobahn 项目包括智能驾驶、金融保险、市场调研等，这些都是一线业务部门的诉求。

因为这些创新诉求和业务部门的研发、产品密切相关，所以在之后的百日加速营中，戴姆勒的各业务部门将积极参与，和入选的初创企业做多次深入的沟通，帮助初创企业们深入了解业务的应用场景及应用难点，与初创企业们一起打磨方案，甚至提供内部资源，推进方案及其在真实场景中的测试。

来自业务部门的帮助和支持不仅有这些，在测试完成、路演日结束之后，戴姆勒的各业务部门依然会与 Lab 1886 负责 Startup Autobahn 的团队合作，与初创企业一起讨论对项目进行进一步的孵化或者在研发方面进行深度合作。

正是因为戴姆勒内部团队 Lab 1886 在其中起到积极作用，Startup Autobahn 推出的创新成果有很强的实战性和商业性。同时，业务部门的积极参与也确保了整个项目同产品和服务的结合在很高的层次。

在这样的机制下，Startup Autobahn 在 2017 年的综合表现得到了戴姆勒各业务部门的积极好评。在 2018 年百日加速营的准备过程中，来自业务部门的诉求翻了整整一倍，为了保证有足够的资源给予百日加速营，并确保入选百日加速营的项目质量（每期只有 10～15 个项目可以入围），Startup Autobahn 的中国运营团队只能和各业务部门一再沟通，对诉求一再进行删减，筛选出最具创新颠覆性的需求。

此外，由于 Lab 1886 本身就具有专业孵化机构的属性，因此入选的初创企业不仅可以获得真实场景下的业务需求，同时还可以享受 IP 转化、商业模式及市场战略等方面的咨询服务。

正是运营方式的差异，使得 Startup Autobahn 的本土化、中国化做得非常扎实,加上戴姆勒品牌的知名度及合作伙伴的支持,Startup Autobahn 的中国运营团队不仅仅着眼于打磨出色的百日加速营,更利用国内创新创业的氛围及创新生态网络,积极拓展其在初创企业、风险投资机构、政府及其他大企业内的网络和品牌知名度,建立起围绕 Startup Autobahn 的开放式创新网络,助力戴姆勒自身加速创新。

许多外企的创新项目,在中国往往会遭遇"水土不服"的窘境,而戴姆勒的 Startup Autobahn 在中国落地,包括后来演变为"星创高速",进一步实现本土化,无疑可以带给我们很多启示。大企业实践开放式创新,很多时候需要和当地的创新生态系统进行对接,而创新生态系统的本地性及特殊性会非常强。此时,团队对当地创新生态系统的了解程度、对项目的运营能力,也许就是开放式创新团队在中国实践的胜负关键了。

当然,大企业牵手初创企业的过程并不总是一帆风顺的,面对诸多的疑问,也许戴姆勒大中华区高级执行副总裁安尔翰博士(Prof. Dr. Hans Georg Engel)的一席话可以给我们启发:"我们检验每个想法的可行性,通过开发、测试与迭代,将最具成长潜力的项目推向市场,使之成为核心业务……探索未来出行的方向。"

"星创高速"依然在发展的道路上,2017 年和 2018 年漂亮的成绩单背后,"星创高速"团队依然有很多不解和疑惑。"星创高速"的未来究竟是怎样的?融合了中国实践的开放式创新究竟是否会为戴姆勒带来积极的经济效益?也许时间会告诉我们答案。

飞利浦:和创业公司的合作共赢之路

对开放式创新进行研究,飞利浦是必不可少的研究案例。在开放式创新的路上,飞利浦一直在不断地演化和发展!

我第一次见到飞利浦中国健康医疗创新工场的曾博士,是在 2017 年上海张江的开放创新圆桌会议上。她在现场分享了她和荷兰的外部创新伙伴一起加速飞利浦中国内部项目创新的实践和体会。例如,如何应用精益创业的原理,帮助创新团队通过洞察临床痛点走出去进行深入的验证,同时在组织内部进行跨组织的协同创新,实现创新的加速。

再一次见到曾博士,她正忙着准备马上要进行最终展示的飞利浦"创业公司加速营(Start-up Program,SUP)"。随后,曾博士从繁忙的工作中抽出时间,再次和我分享她过去两年负责"创业公司加速营"的感悟。

作为领先的健康医疗企业,飞利浦为何要牵手本土的创新企业?飞利浦的"创业公司加速营"又有哪些独到之处?带着这些问题,让我们一起走近飞利浦在中国的开放式创新实践。

飞利浦在中国的开放式创新拼图

在前文中,我介绍了 2002 年在飞利浦当时的 CTO 胡瑟的领导下,飞利浦内部孵化器的建立。作为飞利浦的全球第二大市场,中国一直很受飞利浦荷兰总部的重视,是飞利浦的"第二个本土市场"。同样,在开放式创新的实践中,中国团队也获得了飞利浦总部的诸多支持,进行了许多本土化的实践。

早在 2005 年,飞利浦、浙江大学和埃因霍温理工大学就共同合作开展了"智慧桥"项目,其中的医疗工作流智能清单技术已经进入了临床应用阶段。

2017 年,旨在加速内部创新和鼓励发扬企业家精神,飞利浦开展了"突破创新加速营(Breakthrough Acceleration Program,BAP)"项目。在第一届"突破创新加速营"项目结束后不久,2016 年始于美国的飞利浦"创业公司加速营"项目也在 2018 年落地中国,并在中国首次成功举办。2019 年 12 月 2 日,第二届飞利浦"创业公司加速营"也顺利结营!

开放合作才能跑赢大盘

飞利浦和创业公司的合作,有着公司自身和外部市场的双重背景因素。

首先,从飞利浦公司自身来说,飞利浦经历了核心业务的变化,在目前的市场环境下,也面临从以产品为导向的公司转型为整体解决方案和服务提供商的挑战。诞生于 1891 年的飞利浦于 2015 年又迈出了百年发展史上大胆的一步,即剥离照明业务,全面聚焦健康科技。

其次，从外部市场来说，消费者的需求在发生剧烈的变化，技术发展也以迅猛的速度扑面而来。从消费者的角度看，越来越多的消费者意识到疾病预防和个人健康管理的重要性，这无疑加速了医疗和消费市场的融合，越来越多的医疗产品进入消费市场。从技术发展的角度，人工智能在医疗上的应用早已获得市场的关注和认可，飞利浦也把人工智能在健康和医疗中的应用列入了重点发展项目，并对诊断和治疗场景、急诊护理场景和远程监护场景等投入了大量的资源。

在这样的结构性变化之下，飞利浦的管理团队意识到，需要更了解消费者市场，洞察市场的需求变化，还需要在人工智能和大数据相关的研发上投入更多。目前，飞利浦约有 25％的科学家正在开展 250 多个与人工智能和大数据相关的课题研究，这些课题与工作流程紧密结合，聚焦于诊断和治疗、急诊护理及远程监护场景。

飞利浦的高层领导认为，基于结构性变化及人工智能和大数据的发展，飞利浦需要积极与外部团队合作来加速创新，包括与许多优秀的创业公司合作来应对挑战。与此同时，中国创业企业在人工智能方面的技术积累和开发能力也得到了飞利浦的重视。

在这样的背景下，飞利浦"创业公司加速营"很快进入中国，并在 2018 年和 2019 年成功举办了两届。2018 年和 2019 年各有 4 家创业公司从几百家初创公司中脱颖而出，进入飞利浦的"创业公司加速营"。

4 家入选公司的背后

4 家创业公司入选的背后，是历时近 5 个月的选拔过程。以 2019 年为例，这一届"创业公司加速营"的主题是基于人工智能的病患监护，基于人工智能的针对临床路径、临床工作流和运营工作流的管理，基于人工智能的院内外病患监护等方向。

早在 2019 年 5 月，飞利浦中国健康医疗创新工场团队就通过公开渠道、合作伙伴及与中国创新生态系统的连接，围绕一个经过飞利浦内部充分准备的战略主题，招募优秀的创业企业。飞利浦中国健康医疗创新工场团队从创业公司的技术和商业竞争力、与飞利浦战略方向的匹配性、团队成员的组成等方面进行层层选拔，最终与飞利浦其他的相关团队一起，从 600 家公司里选拔出 4 家公司进入"创业公司加速营"。

从 2019 年 9 月开始的为期 12 周的"创业公司加速营"，可以分为内部探索培育（exploration & nurturing）及外部市场验证（market validation）两个主要环节。

飞利浦中国健康医疗创新工场团队为每家公司配备了富有经验的内部导师，为其量身定制加速的模块内容。在初始的内部探索培育环节中，团队根据每家公司不同的技术特点，邀请飞利浦内部的相关专家与其进行充分交流和探讨，确保双方可以充分了解，探寻"1＋1＞2"的结合点。在这个环节中，几十位飞利浦的内部专家参与了探讨，并给出了建议。

在达成初步的合作意向之后，飞利浦中国健康医疗创新工场团队会带领这 4 家创业团队深入市场第一线，和飞利浦的业务团队、医疗机构、外部专家等进行交流和访谈，对合作方案进行验证，同时不断修改和打磨。以 2019 年"创业公司加速营"为例，入选的 4 家公司在 4 周时间内，总共在 7 个城市进行了 18 次访谈验证。

加速过程中，飞利浦中国健康医疗创新工场团队也会根据需要，邀请公司内部相关专家，向入营的创业公司分享关于行业、医疗经济学、知识产权、医疗系统法规、系统创新方法——例如设计思维（design thinking）等——及沟通演讲技巧等的知识和技能。

经过多次的讨论、沟通和验证，最终在飞利浦中国健康医疗创新工场团队的指导下，入选的 4 家公司达成了合作意向，论证了合作方式，并在最后的展示日

（breakthrough day）向飞利浦研发、创新和业务部门的领导们进行演讲和汇报。展示日之后，飞利浦中国健康医疗创新工场团队和业务部门也将继续跟进，进一步完善计划，继续驱动这 4 家创业企业和飞利浦业务部门合作的落地。

驱动加速营运作的"创新带领人"

在与飞利浦中国健康科技创新工场分工协作的过程中，飞利浦荷兰总部的团队会与全球业务部门商定战略主题、进行全球加速营项目的统筹规划和市场宣传，并和 4 个创新中心（埃因霍温、剑桥、班加罗尔和上海）的"创新带领人（Innovation Leader）"进行密切的沟通和交流，了解各地区的特点和需求，共同持续改善流程和项目规划，使得 4 个创新中心都可以在同一框架下开展工作，同时又给各个地区的执行留有余地。

和荷兰总部的团队确定主题和项目规划之后，各个创新中心的"创新带领人"负责"创业公司加速营"项目的开展，寻找最合适的、优秀的创业公司，驱动公司与创业公司的合作的探索、培育、验证和落地。

我们以飞利浦中国的"创新带领人"曾博士为例。截止到 2020 年，曾博士在创新及创新管理领域，已经服务飞利浦 20 年，对飞利浦的战略、文化、重点发展领域和组织都非常熟悉。更为重要的是，基于这些知识积累和相关人脉，曾博士善于在荷兰总部确定的创新主题与中国本土市场的需求之间寻找结合点。这些结合点，既包括研发领域面向未来的部分，也包括和业务部门、消费者需求紧密结合的部分。

基于这些结合点，曾博士同相关部门同事们密切联系、积极沟通，在全球创新主题中找出和飞利浦中国密切联系的主题。也正是因为这些创新主题与全球和中国业务部门关系密切，相关部门对"创业公司加速营"给予了很大的支持。以 2019 年"创业公司加速营"为例，来自飞利浦全球和中国各个部门的几十位内部专家都参与了项目,并且对入围的创新公司的技术团队进行了多次指导。

基于前期详细的调查和研究,曾博士还会带领团队和入营的创业公司做深入沟通,充分了解创业公司的技术和潜在的应用场景,以此为基础积极挖掘创业公司和飞利浦中国潜在的合作机会,并使二者建立合作,就合作领域和方式等开展多次有针对性的讨论。

正是基于对飞利浦的高度熟悉,加上对创新公司技术特点的充分了解,飞利浦中国的"创新带领人"曾博士才可以充分协调公司内外部的资源,帮助各方找到真正有价值的合作领域。以 2019 年的"创业公司加速营"为例,创业公司和飞利浦经过深入沟通,产生了五个很有希望合作的方案:其中两个面向全球业务,将由欧洲的技术团队做进一步的技术验证;另外三个是直接与飞利浦中国的市场和业务部门合作的方案,该合作方案经过验证,得到了各方面的积极反馈。在此之后,曾博士将和各方一起推动后续步骤,包括集成和协同创新等,积极实现方案的落地。

大公司和创业公司的合作成为最近几年开放式创新的一个新的着力点,许多企业也在积极开展训练营、加速营等项目,希望更有针对性、更加落地化地和领先的创业公司进行沟通和交流,以期达成合作。

在实践的过程中,企业的创新团队和创新领导人常常会面临两方面的问题:首先是如何吸引相关赛道上优秀的创新企业;其次,也是更为重要的是,如何使大企业和创业公司达成合作,并且形成很好的示范效应,促成企业开放式创新的可持续发展。

从这个角度来说,飞利浦中国健康医疗创新工场团队的案例可以给我们带来很多的启发:比如"创新带领人"应该起到的驱动作用——连接大企业和适合的创业公司,共同探索、培育、促成有针对性的合作共赢的机会;比如充分与各方沟通,理解各方的真实需求及优先级,挖掘共赢的方案,并聚焦内外部的验证。

这种方式是实现开放式创新非常重要的途径之一,但其本身也有很多方面需要完善,包括企业创新团队与其他相关职能部门的协调,适应创业公司的简化流程等。在实践的过程中并不是每个人都对此有相同的认识,或给予同一件事情相同的优先权。因此,要实现开放式创新合作的新范式,不仅需要有一群对此充满激情、不轻言放弃的人共同努力,更需要深入理解各相关方的真实需求,快速制定有竞争力和吸引力的合作共赢的方案并使方案不断迭代。

"合作共赢"是大企业和创业企业开展合作的基石,也是彼此应该坚持的初心。

米其林：立足商业化和落地化的中国创新加速计划

"许多初创企业的创始人们都知道，需要对产品进行价值假设和增长假设。但是我们经常遇到的难题是，缺乏验证的场景，继而很难和用户进行交流和沟通。"

王绍伟也许讲出了很多创业企业的心声。两年前绍伟烦恼于汽车快修门店效率不高、个性化程度偏低，于是创立公司，希望解决这些难题。现在他有想法也有产品原型，但是进入快修门店网络的道路却颇为曲折。

"后来我们在与米其林的合作中，才真正进入了快修门店网络，也才发现很多之前没有注意到的细节，这对我们后续打磨和开发产品非常有帮助。"

苦尽甘来，经过不断的外部探索，绍伟的产品验证终于让米其林在中国的创新应用项目中找到了真实场景。绍伟说，这是他们公司参与米其林的孵化创新过程中很大的收获。

创新精神流淌于米其林的 DNA 中

2019 年 9 月，米其林在上海举办的首期中国创新加速计划（Michelin Startup Acceleration Program，MSAP）圆满落幕。参与活动的过程中，"创新精神流淌于米其林的 DNA 中"这句话被反复提及，从米其林中国区总裁的发言，到米其林员工和我的交流，都在强调创新对米其林的意义。

细细想来，果真如此。

创建于 1889 年的米其林是一家全球领先的轮胎企业，不断创新推出许多标杆性的产品，比如 20 世纪 40 年代推出的子午线轮胎、20 世纪 90 年代推出的绿色轮胎、2019 年发布的乘用车免充气轮胎 Uptis 原型胎等。随着科技的发展及消费者需求的不断演进，米其林把创新的关注点拓展到移动出行和高新技术材料等领域。

《米其林指南》也是创新的产物。在 1900 年的万国博览会期间，米其林兄弟认为，汽车旅行兴旺对轮胎行业是利好消息，随即出版了《米其林指南》，果然大受欢迎。从 1926 年开始，《米其林指南》开始为收录的餐厅标注星级，每年更新。如今，《米其林指南》已经是全球美食爱好者的红色宝典，地图和指南服务也成为米其林的重要业务。

米其林很早就关注"开放式创新"及企业与外部创新生态系统的连接。在 2014 年，米其林成立米其林创新孵化中心（Incubation Program Office，IPO），并在法国克莱蒙费朗、美国格林威尔和中国上海驻点，期望在公司的核心业务之外，探寻新的商业创见、新的商业模式、新的工作方式及推出创新产品的新流程。其中，中国的米其林创新孵化中心尤为侧重新技术，例如物联网、大数据、人工智能等在创新服务、创新产品方面的应用。在此基础上，米其林还制定了开放式创新战略来拓展外部连接，以使自身更好地进入创新领域。

米其林创新孵化中心团队起初把更多的关注点放在米其林内部商业创见的落地上,在发展过程中,逐渐开始与外部的创新生态体系建立沟通和联系,协同加速米其林创新项目的发展。早在 2014 年,米其林中国就曾举办过 Innovation Works(创新作品)孵化活动,聚焦内部创新团队的孵化。最近几年,米其林中国也参与了许多第三方创新机构举办的创新加速活动。在充分准备的基础上,米其林创新孵化中心中国团队于 2019 年 3 月开始启动首期中国创新加速计划。

5 个月,6 个模块,5 家企业

米其林首期中国创新加速计划于 2019 年 3 月开始招募,方向包括 B2B 方向(卡车车队等)和 B2C 方向(个人车主等),意图解决用户出行体验、车队运营管理及潜在用户管理等问题。参与的创新企业不仅可以获得加速津贴,更重要的是,可以借助米其林广泛的应用网络,在真实场景下对方案进行落地实践。同时,米其林专家在快修领域多年的行业经验也可以帮助创新企业寻找其技术与真实场景的最佳结合点。

创新加速计划启动后吸引了 200 余家创新企业积极参与。在随后两个月的选拔过程中,中国的米其林创新孵化中心团队及相关业务部门对各家创新企业的技术优势和商业价值做了细致的梳理和分析,并且与创新企业就未来的合作模式进行了沟通和交流,最终有 5 家企业脱颖而出,成为种子选手,进入创新加速过程。

在为期 3 个月的创新加速过程中,米其林创新孵化中心中国团队搭建了 6 个模块,内容涵盖场景定位、商业计划、原型产品、概念验证等领域。在项目加速发展的过程中,中国的米其林创新孵化中心团队和业务部门会派出接口代表全程参与,为创新企业提供场景定位上的建议,同时在之后的各个环节给予创新企业帮助和指导。在这个过程中,米其林创新孵化中心中国团队也会邀请相关领域的创新企业为加速项目进行经验分享及资源对接。

经过总共五个月的选拔和加速,在 2019 年 9 月 5 日的毕业典礼和展示活动上,五家企业共同展示了项目成果。在此之后,米其林还会和这些初创企业继续合作,共同进行市场开拓、产品研发和资本方面的合作。项目实现真正的商业化,是米其林与这些创新企业共同的目标。

王绍伟的收获

再次见到王绍伟的时候,他对我说,在过去半年多的时间内,他的团队已经经历了两个大的产品系列的数十次迭代。

在与米其林合作的过程中,米其林的团队设计了应用场景,帮助绍伟的团队寻找车主客户的痛点,并参与了 UI 设计(界面设计)。除此之外,米其林的团队还组织绍伟的团队和门店的管理人员进行了多次交流,了解门店用户的需求,并且沟通如何帮助门店员工更加方便快捷地使用新的 UI,从而更为有效地参与后续的测试和验证。而门店的视角正是绍伟的团队之前所不具备的。

此后,米其林创新孵化中心的中国团队还组织了在门店网络的测试,并且和绍伟的团队一起分析不同阶段的结果,共同讨论产品的迭代更新。除此之外,管理资源和外部资源的输入也让绍伟的团队获益匪浅。

经过和米其林多个团队的合作和交流,绍伟对新的产品系列更有信心了,也更加期待在之后的市场推广活动中和米其林继续合作共赢……

成功背后的准备与业务部门的参与和支持

细心的读者可能已经发现,在米其林首期中国创新加速计划开启 5 个月的过程中,来自米其林业务部门的接口代表及专家团队全程参与其中,这在孵化创新项目的过程中并不常见。这样的成果,离不开前期的准备及细致的沟通和交流。

其实早在 2018 年的 12 月,筹备工作就已经开始。经过深度调研和内部沟通交流,米其林创新孵化中心的中国团队在 2019 年 1 月,和 3 个业务部门举行了 3 次研习会,共同寻找客户的痛点和真正的商业挑战。

研习会由米其林中国的创新负责人和外部的专家学者共同主持,鼓励和引导业务部门的同事们从实践中出发,思考哪些是真正的客户痛点。总共有 70 多位米其林内部的业务骨干参与了研习会,包括各个业务部门的领导人及关键决策人。经过讨论和梳理,研习会从 100 多个商业挑战中挑选出 7 个作为创新加速计划的招募方向。

通过这些内部的沟通和研习会,业务部门了解了创新加速计划对业务发展的重要性,筛选出的 7 个方向是真正的客户痛点,是可以为业务部门真正带来实质商业收益的。在此基础上,业务部门愿意进一步投入人力和资源进行支持,并且在项目进展过程中安排接口代表,进行业务部门内部资源的协调和帮助。

在我调研和亲身经历的许多创新加速项目中,如何实现原型产品的批量化生产及商业化是巨大的挑战,这个问题也是许多研究者和观察者一直在思考和实践的。从米其林首期中国创新加速计划的案例中,我们或许可以思考,如何把产品化和商业化的难题前置化,思考这些原型产品背后的创新需求是否是真正的客户痛点及商业挑战。

　　对客户痛点及商业挑战的探索一定是创新者与公司业务骨干齐心协力进行的。创新者需要在行业趋势下及重点创新领域内进行把握,而业务骨干需要贡献真实业务环境下用户的需求与喜好。经过碰撞,双方共同寻找真正的客户需求。最后,业务部门在此基础上判断这些经过筛选的客户需求是否可以带来潜在商业收益。

　　除了整合米其林内部的资源,对于如何调动整车客户的积极性、如何找到整车客户的痛点、如何在目前的市场环境中提供更方便落地和更为经济性的方案等问题,让我们共同期待米其林的破解。

默克：一家独特的科技企业在中国做起了加速器

我第一次遇见 D 博士，是在一家很独特的科技企业的一次很独特的加速营甄选日。

这家科技企业的独特之处在于，许多人依然会将它定位为医药健康企业，正如过去的 350 多年人们所定位的那样。但是在过去的 10 年，这家企业开始将自己定位为一家致力于创新制药、发展生命科学及高性能材料的科学和技术公司。这家公司叫作默克，它早已享誉全球！

这次加速营甄选日的独特之处在于，它涉及的内容非常专业，包括医药健康、生命科学、液体活检、生物传感等，即使是生命科学领域的专家也常常听得云里雾里。

D 博士是人工智能领域的专家，接触医药健康领域的时间非常有限。他很忐忑，不清楚是否可以在自己的研究成果和默克的业务之间找到契合点，从而推进科研成果的商业化落地。D 博士还在犹豫中，但他和默克专家的电话会议已经要开始了……

从内部孵化到开放式创新

默克的创新旅程起源于内部的创新孵化。为了更好地鼓励员工积极参与创新,默克已经形成了制度,培育了多个内部创新孵化项目。例如:Innospire(创意构思)项目主要鼓励员工提出并发展自己对新产品或商业机会的想法;Think Tank(创新智囊团)项目则会偏重于让员工创建新的团队,在公司总部的创新中心利用三个月的时间来分析未来的趋势和技术。

公司的管理团队也对创新给予了极大支持,为此还专门成立了相关部门来推进创新的实施。默克的管理团队也意识到,当公司进入更大的创新生态系统和技术系统,许多利益相关者都将扮演重要的角色。在这样的背景下,默克的创新中心和加速器应运而生。

于是,默克在德国总部和美国硅谷分别成立了创新中心,2018 年,默克中国创新中心正式启动"默克中国加速器"项目。

加速器在中国

"默克中国加速器"的登场方式似乎就很开放、很创新。2018 年 6 月第一周,默克在中国开启首届"科技日"活动,活动包括与高校签订创新合作协议、举办创新论坛等,同时也宣布了"默克中国加速器"项目开启。

四个月后,第一期加速器开始招募。招募的初创企业主要是正在进行或进行过种子轮融资至 A 轮融资的初创企业,行业领域包括医药健康、生命科学和高性能材料,技术方向包括人工智能、生物传感技术、液体活检技术、大数据等。默克中国创新中心提出,在为期 3 个月的项目中,将提供最高达到 5 万欧元的资金支持,并且使入选的初创企业在 14 周的课程及各项活动中与默克中国的内部资源对接,其中包括业务部门、专家网络,甚至是风险投资部门及供应商。

经过两个月的招募,共有 200 多家初创企业提交了申请。最终默克中国创新中心根据团队的专业技术能力、商业潜力及团队业务与默克业务的契合度,筛选了 18 家企业。但这并不是最终名单,来自 9 个地区的 18 家企业在 2019 年 3 月集结上海,参加训练营和路演,继而产生最终的大名单。

在没有确认终局大名单之前,入选加速器的 18 家企业都获得了与默克在中国及全球其他地区的业务部门和专家沟通交流的机会。通过一个下午和一个上午的时间,每个团队都和默克进行了至少 5 场一对一交流,寻找双方进一步合作的契合点。在沟通交流中,双方也可以碰撞出思维的火花,寻找技术最合适的应用领域等。在整个交流过程中,总共有 30 余位默克的专家参与其中。

经过密集的交流,入选团队进一步明晰自身的优势、市场定位及与默克的契合度,并在最后的路演环节进行阐述。由 6 位来自默克创新委员会和各个业务部门的评审团将对入选团队的创新成果进行评分,并且结合之前 30 余位默克专家的评估反馈,最终筛选出 6 家企业,入选"默克中国加速器"。

在之后 3 个月的加速阶段中,默克中国创新中心将整合内部资源和外部资源,在 7 个模块中分享创新的方法,同时帮助入选的 6 家初创企业从商业、技术、产业化等各个角度去打磨和提升方案。在此过程中,他们还会参加诸多与默克在中国及全球其他地区业务方面的专家共同进行的对接会,了解默克的产品、业务规划、内部工作流程等,共同探讨项目和默克的契合度及合作方案。

3 个月之后的项目路演

2019 年 7 月中旬，上海。

距离上一次见到 D 博士已经 3 个月了。过去的这段时间，他和他的团队非常忙碌。在"默克中国加速器"的 3 个月时间内，除了学习默克为他们安排的各项课程——这些课程将帮助他们从商业角度来审视自己的方案——之外，他们还和 10 余位默克的专家进行了对接，非常仔细地商谈项目的商业化路径及与默克的合作方式。

在此过程中，D 博士和他的团队和默克中国的某个业务部门达成了初步的合作意向。在项目的后期，已经在接洽商谈一些商务上的合作。这些进展都令 D 博士感到惊喜，毕竟所有的这些，都在过去短短的 3 个月发生了。

因此，项目甄选日对 D 博士来说，就像是毕业典礼。他非常自信地分享了过去 3 个月的项目进展及之后与默克的合作项目。在现场的掌声中，D 博士似乎又回到了忙乱又有些忐忑的 3 个月前，似乎这 3 个月所发生的一切如梦一般……

还有难题在前方

从"默克中国加速器"成立到第一期加速器项目圆满完成，总共历时一年。在"默克中国加速器"项目成功开展的背后，还有很多难题等待着"默克中国加速器"的运营团队去一一破解。

　　相较在德国总部和美国硅谷的加速器,"默克中国加速器"不仅仅需要挖掘新技术与公司业务的结合点,还要着眼于中国经济和科技的发展,比如利用人工智能技术提高甲状腺、糖尿病的诊断率,关注液体活检、生物传感和人工智能医疗解决方案等。

　　这些需求也意味着"默克中国加速器"的领导者和参与方都需要对技术及自身业务极其了解,拥有足够的把控力,同时在技术快速发展的过程中,敏锐把握技术和业务的结合点,使创新能够快速落地并进行商业试验。另外,对于一家科技企业来说,一年很长;对于一家专注于医药健康、生命科学领域的企业来说,一年又很短。默克与初创企业合作,对时间的不同理解和把握,也许同样是双方在今后需要去直面的挑战。

　　虽然有太多的难题等待"默克中国加速器"运营团队的破解,但是我们依旧欣喜地看到,开放式创新已经被嵌入了非常复杂和尖端的医药健康和生命科学领域。以往高墙林立、秘而不宣、依赖专利而发展的公司也开始积极拥抱变化,通过与外部机构合作的方式来促进创新。

　　而且在开放式创新的实践过程中,默克非常重视中国市场,从全球总部到各大区域都在努力寻找中国创新和全球战略的最合适交汇点,这些都是值得许多企业学习、借鉴之处。

法国巴黎银行：在中国"谋定而后动"

上海浦东，陆家嘴金融城。

在这座面向未来的金融之城、全球金融巨头聚集的高地，曾经进行过一场不同寻常的"反向路演"。聚焦于金融科技创新的年轻的中国创业者们坐在台下，而大型金融机构的高管们则来到了台上，向这些年轻人们介绍公司的创新策略、技术需求等，并接受他们的提问。

其中，一位来自法国的银行家引起了大家的注意。不仅在于他颇具风度，还在于他来自国际顶尖银行：法国巴黎银行。

几年之前，银行家们和初创企业还几乎没有交集，银行家们不大可能花费自己宝贵的时间，来和一群年轻的企业家们讨论商业合作。

那又是什么机缘巧合，让他们走到了一起呢？

法国巴黎银行与金融科技加速器

2016 年开始,金融科技开始改变全球金融行业的生态格局,并且正在全面渗透支付、信贷、保险、众筹、财富管理和供应链金融等诸多领域。2011 年,全球金融科技类的风险投资金额还仅仅只有 18 亿美元,但是到 2018 年已经飞速上涨到了 308 亿美元。金融科技的发展,使得许多更为灵活的金融服务产品如雨后春笋一般发展,给传统银行带来了挑战和压力。

为了应对金融科技的快速发展带来的压力,法国最大、欧洲首屈一指的银行及金融服务机构——法国巴黎银行,在 2016 年推出"金融科技加速器计划(FinTech Accelerator Program)",其目标在于发掘有潜力的初创型金融科技企业,帮助它们成长,并且希望通过与这些企业的合作,实现自身的数字化创新发展。

通过与国际顶尖加速器 Plug and Play 及全球最大的加速器、坐落在法国巴黎的 Station F 合作,法国巴黎银行将选择最优秀的企业进行孵化,并使其与法国巴黎银行旗下各个业务进行匹配,以开展联合创新。在孵化器结束之后,法国巴黎银行和初创企业将共同把创新项目投向市场,探索新的市场机会。

在中国市场"谋定而后动"

相比较在欧洲的浩大声势,法国巴黎银行在中国的开放式创新实践显得非常低调,直到 2017 年才开始在中国市场发声。第一次亮相,是携手中方的合作伙伴南京银行(法国巴黎银行拥有南京银行 12.6％的股份),举办 2017 法国巴黎银行国际黑客松大赛亚洲赛区初赛。

比赛的主题主要是：在移动互联网时代，传统商业银行如何有效利用大数据、新科技、新设备等在移动端提供信贷类服务，在提高效率的同时合理控制风险、优化客户体验。比赛期间，来自法国巴黎银行的 7 位专家和各个参赛队进行了交流，沟通客户体验、风险合规等方面的问题。利用这个机会，法国巴黎银行的团队也近距离接触了中国的金融科技初创企业，了解了它们的关注点和技术优势。

通过国际黑客松大赛进入中国的创新生态系统之后，从 2018 年开始，法国巴黎银行开始进一步加强和中国初创企业的对接。通过参与全球顶尖加速器 Plug and Play 组织的中国金融科技加速营，法国巴黎银行与许多知名的金融企业，包括交通银行、浦发银行等，共同提出商业需求，并且经过层层选拔，挑选出 10 余家科技创新企业进入加速营的孵化阶段。其中，法国巴黎银行的关注点在于金融模式创新及人工智能。

在随后 6 个月的孵化过程中，法国巴黎银行在中国的数字化与创新业务部门作为内部牵头人，将深入了解各家入选的初创企业的商业模式及技术优势，同时在内部积极宣讲，寻找合适的业务部门及技术团队，参与和初创企业的沟通交流，讨论潜在的商业机会及合作方式。

此外，法国巴黎银行还邀请内部的专家和初创企业一起打磨合作方案，并且进行"反向路演"，向初创企业详细介绍自身的创新策略及技术需求，帮助初创企业更清晰地了解法国巴黎银行的内部流程、项目标准等。

虽然法国巴黎银行在中国的开放式创新实践依然处于试水和市场观察的阶段，但是多次参与活动和项目，让法国巴黎银行对中国的金融科技市场，包括监管制度、消费者习惯及行业发展环境，有了逐步深入的理解。

同时，法国巴黎银行也在不断的试水和观察过程中，探索自身业务和中国初创型金融科技公司的业务结合点。例如，在欧美国家，金融科技企业通常只专注于支付、贷款、财产管理等某一类细分领域，比如 PayPal（贝宝）关注支付、Wealthfront（美国财产管理公司）致力于财产管理、Lending Club（美国 P2P 贷款公司）主营新兴贷款业务。而在中国，大型科技企业，比如阿里巴巴，已经塑造出较为成熟的行业系统,并且依靠较为稳定的用户群体,将业务拓展到各个领域。在这样的生态系统中,初创型金融企业可以和业务部门有哪些结合? 有哪些可以落地的机会? 法国巴黎银行也在和中国的合作伙伴进行不断的探索。

从法国巴黎银行的案例中我们可以发现,创新生态系统其实有着很强的区域性。技术也许是没有国界的,但是由于监管、消费习惯等多重原因,创新的商业模式及技术的应用场景是因地而异的,这也造成了创新生态系统的区域性差异。在欧美国家实现了与创新生态系统的深度融合,也许到了中国市场,会发现面临的是完全不同的环境、不同的玩家。在这样的情况下,照搬在欧美国家成功的经验,或者拒绝在中国进行开放式创新实践,都是不可取的。

法国巴黎银行在实践中,通过与伙伴们进行更为紧密的合作,在一个又一个项目中越来越清晰地认知中国独特的创新生态系统,包括创新领域、技术优势,以及沟通方式。而且法国巴黎银行也在内部梳理战略,调整业务关注点和组织架构,积极在中国迭代开放式创新的实践。

许多时候,低调并不意味着不作为,而是在深入了解市场之后"谋定而后动"。虽然开放式创新时刻提醒着大企业们"只争朝夕",但是在实际操作中,对开放式创新多一些了解和共识,也许比贸然实践更好。

宝马:初创车库,做初创公司的"风险客户"

2019 年 9 月,宝马上海体验中心。

石川博士是国内一家人工智能行业领先企业的技术领导人,创业几年来,他参加了许多项目路演和概念的论证展示活动。不过这次参与的"宝马开放创新日"的观众与其他活动的观众相比有很大的不同,没有他熟悉的投资人与创业导师,而是宝马中国诸多业务的负责人与团队领导,比如研发中心的高级副总裁、电子电气及自动驾驶的高级副总裁,以及技术中心总监等。

石川博士看了看他的左右,既有来自独角兽企业的领导人,也有创业不到两年的新公司的 CEO,他们准备展示的汽车行业的前沿科技成果,包含人机交互、视觉识别、自动驾驶、数字营销、智能生产、电池和新材料等多个技术领域。

此时,掌声响起,石川博士知道,是他上台的时候了。望着台下众多宝马中国的领导层与技术专家,石川博士说,非常高兴参与"宝马初创车库"!

台下来自宝马中国技术中心的冯博士笑了,他的思绪回到了 2015 年的德国慕尼黑。

如何吸引最好的科技企业与宝马合作？

面对汽车行业面临的变革和挑战，两位来自德国宝马总部的经理在思考："如何吸引优秀的科技企业与宝马进行合作？那些炙手可热的初创企业已经吸引了许多的投资。如何才能使宝马接触到它们的创新技术？"

这两位经理的背景互补：一位曾经有 10 多年的创业经历，非常清楚初创企业面临的挑战及需要的资源；另一位在宝马已经工作了 10 年以上，对宝马的创新战略及企业文化有着深刻理解。他俩在讨论和思考中碰撞出了火花："对于初创企业来说，最重要的是找到客户，而且是优质的客户。而对于宝马而言，初创企业的创新观点可以带给宝马启迪，同时初创企业可以利用最新的技术解决部分宝马工程师和供应商还没解决的难题。"

于是，"风险客户（Venture Client）"模式渐渐成型，两位创新经理也在此基础上设立了 BMW Startup Garage。

"风险客户"模式

在 BMW Startup Garage 设立之初，管理团队立足于将宝马集团定位为初创企业的"风险客户"。虽然"风险客户"的英文单词缩写也是 VC，但是不同于风险投资（Venture Capital），"风险客户"只购买产品、服务和技术，这意味着初创公司可以获得供应商身份、供应商编号、采购订单和收入。

经过摸索，BMW Startup Garage 制定了"三步走"流程。第一步，管理团队需要通过各个沟通渠道去接触顶尖的初创企业，并向它们介绍和解释"风险客户"的价值,吸引初创企业提交申请,加入项目库;第二步,管理团队需要从中选出最为优秀的初创企业,并重点考察其技术独特性及与宝马业务的适配性;第三步,管理团队会根据这些入围初创企业的技术应用,在宝马内部寻找最为合适的部门和团队与其进行匹配,开展真正的项目合作。

在持续 1～3 个月的项目合作过程中,宝马的业务部门会提供详细的需求文件,而初创企业的原型产品会在宝马的车辆中得到验证。在此过程中,BMW Startup Garage 的管理团队将提供行业学习(learning)、网络搭建(networking)及技术转化(selling)三方面的支持。

在行业学习部分,BMW Startup Garage 会详细介绍汽车行业的动态及宝马在汽车开发、生产制造及采购方面的流程;在网络搭建部分,BMW Startup Garage 将帮助初创企业与宝马内部或者汽车行业中可以帮助其发展业务的核心人物建立联系;在最后的技术转化阶段,BMW Startup Garage 会协助初创企业思考,如何将其技术应用于汽车行业,搭建商业案例,并与宝马及供应商发展长期的合作关系。

在成功验证技术之后,初创企业还有机会与宝马探讨将其技术进一步应用到量产车辆上的可能性。在整个过程中,初创企业会直接与宝马的工程师、业务负责人一起开展工作。

目前,已经有 60 余家初创企业参与了 BMW Startup Garage 并成功毕业,其中超过 50% 的公司在项目结束以后,继续与宝马的不同业务部门进行进一步的商务合作。

宝马中国创新团队的探索

BMW Startup Garage 在德国开展得如火如荼的时候,宝马中国上海研发中心的领导层及创新团队,也在思考和摸索如何更好地连接本土的创新生态系统,开展本土的创新孵化项目。目前中国已成为宝马最大的单一市场,宝马也推出了"2＋4"中国战略,在自动驾驶、新能源、智能网联等领域不断寻求突破。

宝马中国的创新团队在业务发展的过程中,密切关注智慧城市、智能网联、自动驾驶等对中国汽车行业发展产生的积极作用,同时仔细甄别中国初创企业在人工智能、移动出行、新材料等领域拥有的领先技术和方案,并经常向总部管理层介绍和引荐。除此之外,宝马中国的创新团队还积极与研发团队、业务部门沟通,了解其在工作中面临的难题,并共同探讨采用新技术的可行性。

在创新团队不断的努力下,优秀的初创企业和宝马中国的业务部门开始展开合作,验证新技术,并将这些优秀的初创企业纳入宝马中国的供应商网络之中。随着合作的深入,宝马中国越来越多的业务部门开始主动向创新团队寻求帮助,希望同初创企业进行合作,利用最新的技术解决难题。

德国流程,中国洞察

通过不懈努力,BMW Startup Garage 有了中文名字"宝马初创车库",还有了中文网站。宝马初创车库团队成功将德国的经验和流程本地化,并融入了人工智能、信息化等领域的洞见。

此外,宝马初创车库团队还进行了诸多针对本地市场的优化和提升,其中包括开办了许多专门面向中国初创企业的活动和论坛等,也与诸多中国创新生态系统领先的企业成为合作伙伴,进一步将它们融入创新生态系统之中。

冯博士的思绪回到了"宝马开放创新日"的现场。台上石川博士正说道,和宝马合作的过程中,他和他的团队从宝马学到的对品质、安全等方面的高标准、严要求及对此的坚决执行,将会成为促使他们这家初创企业持续成长的宝贵财富！

　　听着石川博士和其他初创企业负责人在台上的精彩分享，看着周围宝马中国的同事们兴奋的神情，冯博士也难掩激动。他知道，从 BMW Startup Garage 到"宝马初创车库"，艰辛和努力背后，宝马初创车库团队所埋下的开放式创新的种子正在破土而出、苗壮成长。

海尔：HOPE 平台背后的创新机制

从发现用户需求到确定技术方案，大约花费了 3 个多月的时间，这之后再经过一年多的性能测试和质量审核，全部流程大约花费了 18 个月的时间。产品上市后，连续 6 个月在细分市场占据最大份额，行业市场占有率达到 40％以上，上市一年时间内累计销量超过 5 万台……

这款产品是海尔旗下的卡萨帝 F＋冰箱。但这不仅是个案，海尔近年来有诸多叫好又叫座的成功案例，例如"无外桶"免清洗洗衣机、立体射流无霜冷柜等，而这些成功的产品都得到了来自海尔 HOPE 平台的支持。

海尔 HOPE 平台在海尔的产品研发过程中扮演了怎样的角色？又有哪些杰出的表现呢？

让我们从卡萨帝 F＋冰箱上市前的 18 个月开始说起吧……

三个月：从用户洞察到技术方案确定

吴晓波老师曾经在《腾讯传》中写道，"这似乎是一家对自己的历史'漫不经心'的企业"，"许多历史性的细节都留存或迷失于参与者的记忆和私人邮箱里"。

出类拔萃的企业都有许多类似之处，它们从许多不起眼的小地方，孕育出了杰出的产品、成功的商业模式等。我在了解卡萨帝 F＋冰箱的缘起时得知，当时海尔 HOPE 平台和用户做了许多沟通，在这个过程中，用户对现有冰箱保鲜效果的需求吸引了海尔 HOPE 平台工作人员和技术参与方的关注。这款日后风靡全国、直击用户痛点的产品，就这样开始了旅程……

其实在此之前，海尔在食品保鲜的核心原理方面已经进行了深度分析和研究，在冰箱的温度、湿度和洁净度方面也有了技术突破，并推出了干湿分储的冰箱产品。但是随着用户对食材保鲜的要求越来越高，新的问题也随之产生。例如，当用户购买三文鱼，几天之后就会发现食品已经不新鲜了。又例如，当用户购买草莓等水果，如果存放时间超过一周，水果就很有可能失去水分……这些问题是现有风冷冰箱很难解决的。

当明确了用户的痛点之后，海尔 HOPE 平台的工作人员就和研发技术人员共同研究，通过查询文献和咨询专家，确定将"控制氧气浓度"作为技术突破点，并且需要以最为经济有效的方式在家用冰箱这个产品上进行落地。而这个解决方案，弥补了市场空白。

于是海尔 HOPE 平台首先通过多年积攒储备的创新方法论，对技术突破点进行了详细的技术拆解，从用户需求的角度出发，确立了项目需求，并与平台上的行业资源方和专家学者——其中许多参与方来自其他的行业——共同沟通和探讨，通过这些沟通交流和脑力激荡，海尔的技术人员们基本上确定了几个潜在的技术方向。

之后,海尔 HOPE 平台通过线上线下渠道,在全球范围内征求技术方案提供方,并且经过专家团队的评估,确定了入围的资源方。经过原型验证、方案评估等,确定下最后的技术方案提供商。

海尔 HOPE 平台积累了众多资源,使得整个过程体现出"多""快""准"的特点。在海尔 HOPE 平台发布技术方案需求后,就有来自 10 多个国家的 100 多家公司提交了技术方案(此之谓"多"),而且海尔 HOPE 平台在短短两周的时间之内(此之谓"快"),就筛选出 50 个具有极强关联性的方案(此之谓"准"),进入下一轮评估和筛选。

从观察顾客痛点,到确定技术方案提供商,仅仅用了 3 个月的时间。

海尔 HOPE 平台

海尔 HOPE 平台是 Haier Open Partnership Ecosystem 的简称,是海尔实践开放式创新的载体。从我的调研和观察来看,目前海尔 HOPE 平台在输入端汇聚了全球的优质资源,并在输出端提供产品创新的一站式服务。

在输入端,海尔 HOPE 平台汇聚了超过 2 万名来自各行业的专家和创新实践者,可以触及 380 万家全球一流的资源节点,平均每年产生创意超过 6000 个,每年平均孵化项目超过 200 个。海尔 HOPE 平台也有许多专业人员,他们通过自身及与海尔全球研发中心的合作,进行全球专家和创新网络的开拓和维护,并通过线上线下的运营活动促进沟通和交流。

在输出端,海尔 HOPE 平台已经沉淀出创新方法论,并且形成包括技术路线制定、课题方向拆解及资源匹配等产品和服务的组合。其中技术路线制定通过对消费者的洞察,衍生出技术情报及资源整合等多项服务。目前,海尔 HOPE 平台不仅服务海尔的各条产品线,同时也为其他行业的公司、科研机构、产业园、创业公司等提供服务。

从卡萨帝 F＋冰箱案例我们可以看到，依托于网络平台，消费者的需求和痛点（例如食材保鲜）可以被迅速感知。这之后海尔 HOPE 平台通过全球专家网络进行方案的搜寻，最终找到最为合适的方案，并加以落地和实施。在整个过程中，海尔 HOPE 平台的创新方法论驱动着整个项目前进，并在整个过程中得到不断丰富和演化。

发展与演化

"没有成功的企业，只有时代的企业，所谓的成功只不过是踏准了时代的节拍。"这句话出自海尔董事局主席张瑞敏先生。1985 年张瑞敏先生怒砸质量有缺陷的冰箱，高举以质量为本的大旗。之后，海尔走国际化扩张路线，产品从冰箱拓展到整个白电领域，并且销量连续 10 年全球第一。

从 2005 年开始，张瑞敏先生提出"人单合一"，打破科层制，对海尔进行了颠覆式的组织结构改革，使所有的新产品和新服务都进行开放式发展。随后，张瑞敏先生又提出"世界就是我的研发部"理念。在这样的背景下，海尔 HOPE 平台应运而生，开始发挥越来越重要的作用。

早在 2009 年，海尔就已经成立了"开放创新中心"。最初的"开放创新中心"主要是根据海尔所有事业部的需求，在全世界探寻外部的技术解决方案。这种模式就是开放式创新倡导的"创新前端"，通过和外部的优秀人才合作，加速研究的进展。

在 2013 年 10 月，海尔 HOPE 平台正式上线。但是最初的海尔 HOPE 平台更像是"开放创新中心"的线上版，吸引的用户比预期要少。

但短短 8 个月之后,海尔 HOPE 平台做了第一次升级(2.0 版本),增加了新闻模块和创新社区。在新闻模块,海尔 HOPE 平台提供与技术相关的新闻信息和行业信息;而在创新社区,用户可以进行讨论和信息分享。频繁的交流和思维碰撞,不仅可以帮助海尔的研发团队找到合适的技术提供者,同时也帮助技术提供者发现合适的合作伙伴,实现技术的商业化。原本单向的"发布平台"现在成为双向的"沟通平台",这是海尔 HOPE 平台发展中的一个重要的转折点。

2015 年,海尔 HOPE 平台推出 3.0 版本,提出"创新合伙人"理念,同时把原本讨论和分享信息的创新社区升级为各领域专家进行知识分享和参与项目研发的交流平台。在这一次的升级过程中,参与方从机构拓展到个人,从单纯的需求发布,进化到社群交互和资源匹配。在 2016 年 12 月,海尔 HOPE 平台再次升级"创新合伙人"计划,对模式、组织和分享机制进行梳理,更进一步探索创新社群模式。

"10＋N"的创新支持网络

海尔 HOPE 平台首先需要构建一个参与者众多的网络,而且需要通过努力经营,提升各个节点对创新平台的参与度,最后还需要保持拓展能力,使得新的资源能不断加入充实网络。在这方面,海尔 HOPE 平台团队与海尔在全球的研发中心一起编织起这个覆盖全球创新资源的网络,这个网络在海尔内部被称为"10＋N"体系。

"10＋N"中的 10 当然是指海尔在全球的 10 大研发中心。每个研发中心不仅需要承担研发任务,持续提升研发能力,同时也要作为海尔在全球的创新大使,不断连接和拓展当地的创新伙伴和专家学者,为海尔 HOPE 平台提供丰富的全球资源。

"10＋N"中的 N 是指海尔在全球设立的创新中心及创新合伙人社群。全球研发中心同时作为基础平台,辐射和带动周边的海尔创新中心,更多地聚集当地的优秀人才和科研力量。同时,海尔 HOPE 平台的创新合伙人社群以相关领域的技术专家为核心,构建起虚拟的创新组织。创新中心和创新合伙人社群都可以通过海尔 HOPE 平台接收各类创新课题,并通过各种形式参与和提供服务。

除了"10＋N"的外部触角,海尔 HOPE 平台的工作人员也花费了许多时间和精力进行网络的维护,并积极促进各个节点的沟通交流,此外还有许多工作人员组织线上线下的诸多活动,保持技术专家和创新伙伴对网络的参与度。

需要注意的是,"10＋N"的建设和打造更多着眼于保持并拓展网络节点的密度和广度,扮演创新"量变"的角色。而海尔在机制上的独特设计,让海尔 HOPE 平台与业务的连接更为紧密,使得开放式创新使公司内部产生了"质变"的积极效果。

并联迭代的持续创新机制

质变背后,是海尔内部不断迭代、持续创新的机制。以传统的产品开发流程为例,新产品开发至少要经过六七个前后相连的步骤,这一过程完全以产品为中心,而且往往是由研发部门的"一把手"说了算。而海尔则将用户置于中心位置,围绕用户体验,让原本串联的资源和流程进行并联,并保持与用户的持续交互和沟通。在海尔内部,与用户的沟通和交互似乎是海尔全员每天的工作。在这样并联迭代的机制下,以往的领导决策转变为用户决策,而且各个部门都有清晰的、明确的、共同的目标。

同时,海尔大胆引进了对赌协议,颠覆了传统的薪酬体系——相关人员分段完成任务并获取相应报酬,任务的效果常常与产品的市场表现脱钩。在海尔内部,这被生动地称为"用户复兴"。在海尔 HOPE 平台上,产业用户与资源提供方拥有相同的目标,即产品需要解决用户痛点,并且需要在市场上有很好的销售表现。在共同目标的指引下,各自发挥专长,促进目标的实现,并且各自的收入直接和产品的市场表现挂钩。

正是在这样的机制下,海尔 HOPE 平台及背后开放式创新理念得到了充分的彰显,在前端不断进行多元的、持续的创新输入,在后端诞生一款又一款直击用户痛点、叫好又叫座的产品,提供更多样全面的服务。

越来越大的海尔正被转化为一个个小的网络节点,传统的科层体系转变为开放体系。在这样的机制下成长发展起来的海尔 HOPE 平台,通过与公司内外各个维度的交互和沟通,慢慢演化为一个大的开放式创新平台,聚集全球的优秀资源,不仅服务海尔集团内部,也成为创新服务的输出方。

由大变小,小中见大,海尔 HOPE 平台的开放式创新实践还在进行中,我们满怀期待,憧憬它未来带给我们更大的惊喜和冲击!

博世：企业创新是否可以流程化？

2019 年，上海的夏天。

　　站在博世中国总部大楼前的那一刻，我突然想起来，博世在中国的创新中心已经在 4 个多月前搬离了这里。从虹桥临空经济园区到漕河泾宝石园，10 千米的路程，我从虹桥临空经济园区一栋栋大楼包围之处，来到漕河泾宝石园一栋栋三四层建筑星罗棋布的科技创新中心。博世"Shanghai Connectory"就坐落在其中的一栋 3 层建筑内。

　　我推门进入，博世"Shanghai Connectory"给我留下的第一印象很像是现在流行的众创空间。一楼基本是开放式工位，十几家初创企业聚集在这里工作。二楼和三楼就是博世"Shanghai Connectory"的工作区域了，博世"Shanghai Connectory"的专家们正在会议室、实验室等和内外部的伙伴们交流沟通，打磨产品。

　　博世"Shanghai Connectory"，作为博世全球第五家、亚太地区首家创新孵化基地，究竟有哪些不同寻常之处呢？

博世"Shanghai Connectory"的起源

2017 年的 5 月,博世美国的数字化创新部门牵头,博世美国和美国芝加哥科技创新中心 1871 合作,在 Merchandise Mart(商品市场大楼)的五楼打造了一个众创空间,希望可以进一步接入芝加哥不断发展的物联网生态系统,同时希望和初创企业合作,并且借此契机寻找博世未来的合作伙伴和收购目标。

包含 connect(连接)与 factory(工厂)含义的 Connectory 就此应运而生。之后,瓜达拉哈拉、斯图加特、伦敦和上海纷纷加入博世 Connectory。

随着博世 Connectory 的不断扩大,博世在全球的创新实践者们经过讨论和沟通,制定了针对博世 Connectory 的指导意见,希望通过和公司外部物联网生态系统的连接和合作,推动公司的创新进程发展,同时寻找和探求新的增长机会,包括产品机会和商业模式机会。

在这样的背景下,博世中国的管理团队梳理了内部的各个创新体系,由专注新产品孵化的博世中国全资子公司——博世(上海)智能科技有限公司牵头,利用博世的技术力量和资源优势,在 Connectory 指导意见的框架内,将物联网开放式创新平台引入中国。

目前,博世"Shanghai Connectory"入驻漕河泾宝石园的这栋三层楼房内,管理运营团队正在进行以下三方面的创新实践。

首先是促进博世业务部门和外部创新企业的连接。创新方向和物联网相关的初创企业,都有机会申请并入驻博世"Shanghai Connectory"的众创空间。部分优秀团队还会获得与博世风险投资部门合作的机会,加入 Open Bosch(开放博世)项目,通过 PoC(概念验证,Proof of Concept)等进一步的合作方式,共同研发产品和推进产品的商业化落地。

其次是加速博世内部创新团队的孵化。在通过内外部专家的评审后,入围的博世创新团队就可以入驻博世"Shanghai Connectory"。在众创空间内,博世"Shanghai Connectory"的管理运营团队邀请博世内外部的创新专家们给予创新团队辅导,帮助他们更多了解市场、了解客户需求,并且在短时间内做出 MVP(最小可行产品),并将产品投入市场进行检验,获得真实的市场反馈和数据。

最后,该基地也是博世中国的培训中心。除了为博世中国 6 万名员工提供内部的培训,博世"Shanghai Connectory"也正在准备对外部人员讲授部分课程,通过分享博世的成功经验,帮助中国的中小企业发展壮大。

创新流程所起到的作用

通过几年的实践,博世"Shanghai Connectory"团队深有感悟:通过系统性的方式,在创新流程指引下逐步推进创新,可以提升创新的成功率。于是,博世"Shanghai Connectory"团队和"硅谷教父",《四步创业法》(*The Four Steps to the Epiphany*)的作者史蒂夫·布兰克教授合作,结合教授在精益创业领域的研究成果及博世的创新实践,将创新方法论应用于公司内部的创新加速器项目。

当内部创新团队提交创新意见,并且获得所在部门的支持后,内部创新团队需要通过创新加速器两个阶段——分别为期 8 周和 6 个月的加速,完成产品原型及市场验证。

在各个阶段,内部创新团队都需要按照创新方法论,按照每周计划,完成既定任务并进行快速迭代。而且在每个阶段之后还要进行经验分享,这样的分享将决定项目是否能够进入下一阶段。在整个孵化的过程之中,加速器联合博世内部专家及加州大学伯克利分校的导师,对创新团队进行实战辅导。

在通过加速器的两个阶段之后,内部创新团队可以选择在原来的业务单元进行产品的商业化,也可以选择成立独立的初创项目,继续在博世"Shanghai Connectory"进行产品孵化。目前,已经有部分产品投入市场,实现了商业化。

"落地"是这套创新方法论带给我最大的感受。在发散思维的"idea generation(创意产生)"阶段之后,内部创新团队通过每月、每周细致的行动计划及目标设置,迅速收集和检验创意,形成满足市场特定需要的产品原型。同时,在过程中进行实战辅导,也帮助内部创新团队将理论和模型快速应用在实战之中。在每个节点,都设置了经验分享环节,确保内部创新团队在创新过程中在不断学习和收获。无论成功和失败,内部创新团队都可以进行沉淀,进行经验积累,同时也对博世"Shanghai Connectory"的创新方法论做进一步的深化。

继续演化

经过几年的摸索,博世中国企业创新体系在 2019 年得到了整合提升。以博世"Shanghai Connectory"为主导,融合公司内外部创新力量,博世中国正在进行包括内部创新孵化及与外部创新生态系统合作在内的企业创新实践,并且在过程中形成方法论,用以指导公司创新团队,加速产品的商业化进程。

博世"Shanghai Connectory"在发展过程中还在不断演化。对于创新方法论,博世"Shanghai Connectory"的管理运营团队希望结合中国物联网生态体系的独特性,为创新加入更多本土元素和特色内容。同时,博世"Shanghai Connectory"团队也在探索更多的内容和产品,以更好地支持创新产品的落地。

几个月之后,2019 年冬天,当我又一次来到虹桥临空经济园区时,我看着博世中国的总部大楼,想到了 10 千米之外的博世"Shanghai Connectory"。

在许多经典的企业创新案例中,我们都看到了创新部门在资源上和总部密切联系、在空间地理上和总部保持距离的情况,远有亚马逊云业务,近有微信团队。我钦佩博世"Shanghai Connectory"的管理运营团队当时在空间上离开博世总部,更多拥抱创新生态系统的决心;也在思考,如何在更加接近创新生态系统的同时,依然保持和博世中国各个业务单元及管理层的沟通和协作,更好地促进创新产品的商业化落地——这也会是博世"Shanghai Connectory"在今后的发展中面临的挑战。

冯氏集团：利程坊是如何发展并迭代的？

如何才能让结账的速度比现在快 10 倍？

听到这个问题的时候，Costco（好市多）上海店开业之初结账排队 2 小时的窘境浮现在我眼前。提升商品结账速度所采用的技术叫 RFID（射频识别技术），虽然 RFID 支付标签在零售行业已经有非常广泛的应用，但想想我们在超市和卖场的真实场景吧：结账队伍已经很长很长，我们依然需要把自己挑选的货品一件一件从购物车拿出来，放在结账柜台上，之后工作人员需要对我们摆放的货品一件一件进行扫码确认……

但是，2019 年 9 月 10 日上午，在冯氏集团利程坊（Explorium）和艾利丹尼森公司（Avery Dennison）于上海联手打造的创新实验室里，我们看到的是这样的场景：顾客将选购好的产品直接放到自助收银机内，屏幕上即刻显示出购买商品的数量、单价及总价，顾客只需扫码支付就可以完成购物。

这是冯氏集团利程坊在 2019 年进行的新试验、新探索。从 2015 年到 2019 年，利程坊每年都在不断更新迭代。2019 年，利程坊为何要设立创新实验室呢？背后又有哪些思考呢？

利程坊:打造生态系统

利程坊由拥有百年历史的冯氏集团于 2015 年在上海设立。冯氏集团,即原香港利丰集团(Li & Fung Group),核心业务涵盖消费品市场的整条供应链,包括贸易、物流、分销及零售,在全球 40 多个国家聘用了 4 万多名员工。

利程坊在设立初期,体现了冯氏集团对新零售的探索。但是很快,利程坊的管理层敏锐地发现,区域内的许多初创公司拥有领先的技术,并且已经在新零售方面做了很多积极探索和应用。于是他们开始思考,如何将这些领先技术应用到冯氏集团的各个业务版块,并以此为出发点,思考如何让那些与冯氏集团合作的全球品牌商也可以由此获益。

在与创新生态系统各个参与者的不断交流的过程中,利程坊的管理团队决定,与国内外的知名创新孵化器、加速器做深入的融合。通过与领先的孵化器、加速器实现战略合作、资源共享,利程坊触达并邀请了很多在新零售方面领先的国内初创企业入驻,在空间内形成供应链、新零售、新科技的集聚。但是,利程坊并没有局限于"坊",在空间内形成了势能基础之后,利程坊开始通过"活动"和"项目"两个部分,搭建新零售生态系统与冯氏集团业务版块的桥梁。

通过活动的宣讲及项目的落地,利程坊形成了创新生态系统内部和外部的正向双循环。也因为这样,越来越多的业务部门、业务伙伴和创新企业希望和利程坊合作共赢。

走在行业前沿的创新实验室

冯氏集团的业务部门和初创企业开始进行越来越多的沟通和交流,也有越来越多新科技被实验、采纳和应用,但利程坊并没有止步于此,而是往前迈进了一步。

面对外部环境的变化及消费者需求的提高,零售行业利润低是目前的常态,也是在一段时间内不断持续的状况。利程坊的管理团队想到:冯氏集团所服务的许多企业可能还没有创新方面的思路和设想,许多企业可能有心无力,无法投入许多资源进行前期的研究和开发;同时,许多初创企业有很好的技术,但是无法找到合适的场景进行产品开发。所以,利程坊是否可以基于目前在创新生态系统的积累,为合作方、为初创企业提供更多前期试验场景甚至是试错的机会呢?

于是,创新实验室就慢慢从概念变成了项目,最后变成了眼前的现实。艾利丹尼森公司在创新实验室内展示了 RFID 的前沿应用,冯氏集团的业务部门、合作伙伴甚至其他公司,都可以申请加入其中,进行新场景、新想法的测试。说不定哪天,一个新的应用的雏形就会在创新实验室内诞生,然后通过利程坊的活动被更多人得知,最后通过创新加速项目,逐步在某个业务部门甚至真实商业场景下得到应用。

只是起步……

目前,利程坊的创新实验室更多着眼于零售端新技术、新应用的试验,但是利程坊不会止步于此。在 2015 年利程坊开展新零售试验的过程中,管理层就已经观察到,要让供应链整体效应得到提升,零售端只是一个开始、一个入口。之后还需要供应链上端物流、生产的及时响应,不然消费者的需求依然无法得到快速、及时的满足。

于是,利程坊还在策划新的试验,包括物流端的试验,甚至是工厂端的试验。我们可以想象,当跨区域的供应链被压缩在这些实验室内,关键节点被抽离出来进行探索实验,验证有效之后立刻进行产品探索,同时试验结果被输入到供应链的前端和后端,启发其他的想法在实验室内进行进一步探索和验证……这时,实验室、空间,以及利程坊正在运行的项目,就可以变成"活的"供应链实验室和场景了!

零售行业是最近 10 年变化最为剧烈的行业:技术的进步、消费者的变化及全球供应链的优化,带给零售行业巨大的冲击,也带来了许多的创新机会。冯氏集团的主席冯国经博士在接受媒体采访时曾经表示,未来要做"智慧供应链(Smart Supply Chain)",不仅要明白消费者,了解零售端要卖什么东西,而且也要参与生产的过程,在每个阶段都要深入参与。

利程坊在创新机遇中,正在深入探索如何利用最新的科技,去帮助传统的零售商做好新零售,并且整合这些零售商资源。不仅仅是正在实践的"现有技术与商业需求的结合和落地",创新实验室还在"现有技术和商业场景结合的可能性",在供应链的打通方面,做更多有益的尝试。

回望 2015

2019 年 9 月,我再一次来到上海利丰广场。

利程坊坐落于上海利丰广场旁,占地面积约 2 万平方米。进门后,我感觉历程坊就像一个休闲购物的区域:咖啡馆、服装店、母婴用品商店等散落其中。但与一般的休闲购物区域相比,利程坊也有许多不同之处:距离咖啡馆不远就有一个新零售的实验室,许多技术人员正在一起讨论和调试 RFID 的结账设备;沿着扶梯走到二楼,二楼是利程坊的产业创新空间,许多年轻的创新者们正在举办活动;在创新空间中,还有为创客们提供的工作坊,有专业设备供他们进行 3D 打印、制作原型机模等。

如何给予利程坊一个非常准确的定义? 是创新实验室、新零售商店的集合、展示中心,还是共享空间? 似乎都是,也似乎都不是。

看着一家家店铺,我想到了 2015 年的 9 月,利程坊在上海设立的时候。那时候,拥有百年历史的冯氏集团正在这里进行一场关于新零售的试验……

利程坊的起源

2010 年之后,全球的传统零售业都呈现出疲软状态,在电子商务的冲击下显得摇摇欲坠,许多业内人士已经在讨论传统零售行业的终结。

对此,冯氏集团主席冯国经博士却并不认同。那时接受媒体访问时,冯博士提到,传统的零售行业一直会存在。但是面对消费者选择的多样化及个性化,如何让流水线上大批量生产出来的产品可以满足消费者需求的变化,是需要思考的问题。

在内部沟通的过程中,冯博士产生了创办利程坊的想法。当时,面对零售行业的变革浪潮,有些专家提出全渠道经营,有些专家提出数字化转型等,但是如何做、怎么做、采用什么模式,没有人能说得清。冯博士于是想到,是否可以利用在上海利丰广场的空间,模拟真实的商场环境,进行全渠道试验,在试验中收集消费者的行为数据,从而更好地规划零售商在未来的转型之道。

2015 年 6 月,"全渠道零售实验室"在上海落成。看上去平平无奇的店内应用了很多当时最新的科技,包括虚拟现实试衣间、3D 打印等。实验室只在周末营业,顾客们需要下载专门的 App 并注册成为会员,在入场时还需要佩戴专门的蓝牙手环。在购物的过程中,如果顾客喜欢哪件商品,就可以扫码获得更多资讯,确定购买的话,就可以在 App 中完成支付。在购物的过程中,顾客们并不需要拿着选购的商品,只需在购物全部结束后,到出口处的提货中心提走已经打包完毕的商品即可——当然,消费者也可以选择将自己采购的所有商品一键快递至家。

今天看来似乎不算很"潮"的上述场景,在 2015 年,可是最领先的黑科技,能带来最新潮的购物体验啊!

在顾客购物的过程中,利程坊的合作伙伴 IBM 随时都在收集和分析客户行为数据,通过分析,及时为消费者提供非常个性化的、互动的营销。例如,消费者在查看比较几款香水产品的时候,就可以通过社交媒体和手机短信接收相关产品的优惠等。

这场试验,一共进行了 18 个月!

在这 18 个月的过程中,利程坊和 IBM 的团队收集了几万名顾客的真实的行为数据,并以此为基础,为众多品牌商提供有价值、有数据支撑的消费洞察,帮助其了解消费者对产品的反应,方便其进一步提升商品的转化率和周转率。

创新生态系统内部和外部的正向双循环

在试验的过程中,冯氏集团的领导层及利程坊的管理层都感受到,利程坊还可以发挥更多优势。首先,"双创"的浪潮下,许多极具创新力的初创企业正在不断诞生和发展,它们拥有最新的技术,但是对行业缺乏了解和认识。其次,仅有零售端的创新是不够的,利程坊还需要沿着供应链往上发展,探求物流端、贸易端,甚至设计端、生产端的创新机会。

在和创新生态系统的各个参与者的不断交流的过程中,"让科技与创新商业模式无缝对接"的想法逐渐升华并最终被利程坊的管理团队所认同,利程坊2.0将从"创新实验室"升级为"为现代商贸企业创造价值的生态系统"。通过与领先的孵化器、加速器实现战略合作、资源共享,利程坊触达并邀请了更多在新零售方面领先的国内初创企业入驻,在空间内形成供应链、新零售、新科技的集聚。

但是,利程坊并没有局限于"坊",在空间内形成了势能基础之后,利程坊开始通过"活动"和"项目"两个部分,搭建新零售生态系统与冯氏集团业务版块的桥梁。

在活动方面,首先,利程坊每个月都会举办"Startup & Meetup(遇见初创企业)",邀请初创企业的创始人、CEO等向冯氏集团的员工们分享自己的创业故事及创业路上的点滴精彩,通过这样的方式让冯氏集团的员工们了解这些初创企业及其背后的故事。其次,利程坊每两个月还会举办"tech forum(技术论坛)",邀请冯氏集团内部在某个领域有研究有洞见的专家、外部的研究学者及初创企业的领导人,对新科技与供应链的结合做专题分享。同时,冯氏集团相关业务部门的领导人也会参加论坛,并与到场嘉宾进行沟通和交流。最后,利程坊每年还会举办"Hello Future Summit(遇见未来峰会)",邀请百余位创新领域的代表,包括大企业的高管、创新企业的领导人、专家学者、意见领袖等,对不同的主题进行高密度的分享和交流。

通过这些活动,冯氏集团的领导层和业务部门的员工们不仅开始逐步接受并了解这些之前并不熟悉的初创企业们,开始知晓这些初创企业的风格及业务模式,而且开始主动关心在新零售的创新生态系统内,目前有哪些最新动向,有哪些最新的科技。这一系列活动形成的"宣讲"效果,为之后开设的为期6个月的加速项目,奠定了良好的基础。

利程坊举办的为期6个月的加速项目,非常注重"落地"。综合了外部调研结果及冯氏集团业务部门提出的需求,加速项目囊括了设计思维、领导力、供应链、采购、物流和零售 6 个版块。在每个版块,利程坊经过筛选,邀请相关领域在技术或者模式方面领先的初创企业的创始人或者 CEO 与冯氏集团相关业务部门的负责人、专家共同参加课程。冯氏集团业务部门负责人及专家会坦承目前遇到的问题和瓶颈、公司对相关领域的观察和认识等,而初创企业的负责人们则会根据这些问题提出自己的观点和看法。在沟通交流的基础上,利程坊会积极发掘双方的契合点,促成双方的合作,在双方合作的过程中也会为双方提供帮助。在原型产品产生之后,利程坊还会积极寻找初创公司和冯氏集团及其合作伙伴进一步合作的机会。

通过活动的宣讲及加速项目的落地,利程坊形成了创新生态系统内部和外部的正向双循环。也因为这样的原因,越来越多的业务部门、业务合作伙伴和创新企业希望和利程坊合作共赢。

站在 2019

2019 年 9 月,利程坊与艾利丹尼森公司联手打造的创新实验室在上海落成。冯氏集团内部的业务部门、外部合作伙伴或是初创企业等,都可以加入其中并进行 RFID 的应用试验。创新实验室正在探索领先技术如何与商业场景结合,如何基于智慧物联网,改造商品的流通与销售过程,并在此基础上推动商业模式的变革。

利程坊,现在依然在上海进行着不断的创新和变化。站在 2019 年,回溯2015 年的那次新零售试验,我们发现,尝试和试验一开始,便会不断演化和发展,最终产生令人惊喜的成果。而一切的开始,便是勇敢地做出决定。

BP:如何快速融入中国出行领域创新生态系统?

2020 年 1 月,广州,南沙区。

吴先生说,他的汽车每次需要加油,他都会去中油碧辟石油有限公司(以下简称中油碧辟)的油站。吴先生曾经在中国石油和 BP 合资的中油碧辟工作多年,吴先生说每次加油似乎都是在"致青春"。他开车带我去南沙区保利大厦的地下停车库,车子停在印有 BP 黄绿色太阳花标志的快速充电桩附近。吴先生提醒我注意在 BP 标志下的那行字,上面写着"小桔充电合作伙伴"。

"BP 这几年在中国的步伐变得更快了,而且和中国本土创新企业进行了越来越多的合作,更懂中国市场了!"现在已经是移动出行领域投资人的吴先生,脸上满是喜悦。

拥有百年历史的石油巨头,在华超过 47 年的 BP,为何此时此刻在中国市场加速发展,而且牵手中国本土创新企业呢?

低碳转型，聚焦移动出行

2018 年 4 月，BP 发布了《全力推进能源转型报告》，承诺应对双重挑战：在满足日益增长的能源需求的同时减少温室气体排放，并计划至 2025 年仍将其在生产运营过程中产生的温室气体排放量保持在 2015 年的水平，或低于该水平。

在报告中，BP 阐明，仅仅是在整个生产运营过程中进行可持续的减排、限制石油和天然气开采、控制生产和运输过程中甲烷溢出比例，并不能使 BP 实现温室气体排放的目标。BP 计划进一步投资高质量的碳抵消项目，以确保总体目标的实现。

比起 2004 年起步的可替代能源业务（生物燃料、风能等），BP 在 2018 年的这次低碳转型与全球汽车及出行领域的"新四化浪潮（电动化、智能化、网联化和共享化）"的联系更为紧密。根据 2019 年 2 月 BP 发布《BP 世界能源展望》2019 年版，到 2040 年电动乘用车行驶千米数将增加到所有乘用车行驶千米数的 25％。其中，交通用能的增长主要集中在亚洲发展中国家。与此同时，人们对交通出行服务的质量和数量的要求也在逐渐提高。

在 BP 发布《全力推进能源转型报告》之后一年内，综合 BP 高层的访谈和演讲，业内发现 BP 对低碳转型制定了详细而颇具雄心的计划：每年投资约 2 亿美元来帮助孵化和制定更为低碳的解决方案，涉足的领域包括高级移动出行、生物及低碳产品、碳管理（主要包括碳捕捉和封存技术）、电力与储能，以及数字技术。

其中在高级移动出行的部分，BP 目前在中国将主要聚焦电动化综合服务和车队管理服务，除此之外还包括按需出行服务、"最后 1000 米"便利服务及配送、城市综合出行服务等。其中电动化综合服务更加侧重于为家庭、企业等各类场景提供充电解决服务，而车队管理服务则主要希望通过结合数据信息与车辆服务，拓展车辆全生命周期，并实现差异化的车队管理。

从我经历的项目和研究、调研来看,其实早在 2017 年年底,BP 已经在中国成立与移动出行相关的部门,该部门由经验丰富的中国管理团队领衔,和行业领头羊、国内领先的投资机构和创新企业进行广泛的接触和交流。

团队组建的两年之后,也就是 2019 年,BP 已经在中国移动出行领域进行了广泛布局。对于这家百年巨头来说,这样的速度极快!

布局中国,投资与外部合作

在 2018 年 4 月,BP 发布《全力推进能源转型报告》之后的一个月,BP 下游业务 CEO 涂帆先生就来到中国,代表 BP 与当时正处于快速成长阶段的蔚来资本签署了旨在建立长期合作伙伴关系的谅解备忘录,并向其美元基金投资 1000 万美元,与其共同探索新能源汽车、新能源基础设施、智能汽车系统、车联网和包括电池在内的新材料等领域。这是 BP 首次在中国布局移动出行业务,但其实在此之前,BP 已经在欧洲投资了专注于电动汽车快速充电系统的 FreeWire、快速充电电池公司 StoreDot,并收购了英国电动汽车充电公司 Chargemaster 等。

步入 2019 年,BP 在中国移动出行领域的布局也加快了速度。2019 年 1 月,BP 投资国内领先的电动汽车充电集成解决方案提供商电享科技;2019 年 8 月,BP 与滴滴成立合资企业,在广州南沙区生产新能源车充电桩站,其中设有 10 座快速充电桩;2019 年 10 月,BP 与戴姆勒的开放式创新平台"星创高速"合作,双方共同聚焦电动化和高级出行领域的初创公司。

在这些布局的背后,BP 高级移动出行部门在中国的布局思路开始逐渐显现,投资与战略合作是其目前两条主要的发展途径。

在投资方面,BP 高级移动出行部门和 BP 的风险投资部门协作,通过与包括蔚来资本在内的国内新能源汽车企业和创新生态系统的其他企业合作,助力本土初创企业的发展,并且成功建立适应中国市场的风投体系,推动建设更符合市场需求的内部审批流程和架构等。

在战略合作方面,BP高级移动出行部门同样选择与戴姆勒、滴滴等领先企业合作,接入本土的创新生态系统,与本土企业共同推进创新产品与服务的概念测试和落地,同时探索和挖掘新的技术和商业模式,在此基础上寻找进一步商业合作的机会,与投资方面相辅相成、相互促进。

开放合作,从巨头到初创企业

许多观察者惊讶于BP的开放心态和合作策略,因为传统意义上的能源公司的确给大家留下"石油帝国"的印象。比如《谢尔曼法》及标准石油公司的拆分是反垄断历程中的重要案例;又比如2019年12月,沙特阿拉伯国家石油公司上市——这是史上规模最大的IPO项目——上市后市值迅速超过微软和苹果,成为全球市值最高的上市公司。

但是BP的历史,特别是其在中国的发展历程中,从开始到现在都贯穿着开放合作的心态和业务模式。早在20世纪70年代,BP就开始和中国的业务伙伴合作开展在华业务,之后与中石油、中石化共同在加油站业务方面开展合作,与中石化在石化产品的生产与销售方面开展合作,与中石油、中海油在上游油气勘探方面进行合作等。

同时,BP还与中方合作伙伴携手共同开拓国际市场,例如与中石油在伊拉克和澳大利亚进行合作、与中石化在安哥拉和新加坡进行合作、与中海油在澳大利亚、印度尼西亚进行合作等。

在BP决定实行低碳转型,并聚焦移动出行领域之后,BP总部包括中国的管理团队都清晰地认识到,在这个领域 BP 并不具有深厚积淀,在快速发展和快速迭代的中国市场,许多细分市场的领先玩家是迅速发展的本土初创企业。所以 BP 高级移动出行部门在中国不仅关注已经与 BP 建立良好合作关系的汽车主机厂,同时把合作对象拓展到出行公司、平台公司等,通过合作,快速积累行业经验,弥补在业务策略和产品组合上的不足。

合作开放的思路一直贯穿 BP 在华业务的发展,但是合作伙伴从巨型的国资石油巨头变成了陌生的创新企业,BP 高级移动出行部门的中国团队是如何完成这个转变的呢?

内外合力,组织内的穿针引线

中国巨大的创新市场及本土创业精英们对新技术与市场趋势的把握,当然是促成 BP 各级领导层愿意转换思维,积极拥抱本土创新生态系统的重要催化剂。但从朦胧了解到达成合作意向,毕竟需要很长的时间,在这方面,BP 高级移动出行部门的中国团队在 BP 内部起到了很好的作用。

首先,BP 高级移动出行部门的中国团队积极邀请英国总部及中国相关部门的负责人,和本土创新企业的领导层进行深入的面对面的沟通,并且亲自去体验这些创新企业的产品和服务,获得第一手的感知和信息。

其次,本土创业精英们也在 BP 高级移动出行部门的中国团队的帮助下,做了充分的准备。在和 BP 管理层的交流和沟通过程中,本土创业精英们展现出了对市场和技术的扎实的认知,并清晰说明中国市场及中国消费者的偏好,帮助 BP 管理层更为立体和深刻地认知中国市场。

最后,除了英国总部及本土创业精英们的支持,BP 高级移动出行部门的中国团队也在组织内部做了很多连接沟通的工作。中国团队的领导人在 BP 中国任职多年,对 BP 中国的发展战略及各个业务都非常熟悉,可以找到许多内部合作的契机。同时,整个团队对在中国重点布局的业务,包括电动化综合服务和车队管理服务等,做了很多扎实深入的调研和分析,并在此基础上深入且清晰地向 BP 总部和中国的管理团队阐释在中国的发展战略、发展重点及发展路线图,获得内部相关部门的认可和支持。

正是在这样"内外合力"的背景下,BP 相关部门都非常理解和认同在中国布局移动出行业务的重要性和迫切性,2019 年的高速发展也就水到渠成了。

开放式创新,特别是大企业和初创企业及其他外部创新生态系统企业的合作共赢,已经是近年来在华企业实践开放式创新的主要方向。但知易行难,许多大企业在和初创企业沟通交流的时候,总是发现双方的思维方式存在很大差异,而且内部各类冗长的流程也往往是双方进一步深入合作的绊脚石。

在组织内部获得更多的支持来推进创新,也许已经有很多成功案例,但 BP 团队在此基础上往前走了一步。如何利用外部创新生态系统的知识储备和对新技术新模式的认知,进一步获得组织内部的认同? 从这个角度来说,BP 高级移动出行部门中国团队的案例可以给我们带来很多启发。

回到广州南沙区,吴先生依然意犹未尽,和我说了许多。在以往,广东是 BP 投资和发展的重要基地之一,发展的重点是加油站、是油库、是 LNG 接收站(液化天然气接收站)、是化工厂及润滑油调配厂等;而现在,BP 将不仅深耕广东,而且将进一步放眼全国,与更多企业合作共赢。新兴本土创新企业,正是这家百年巨头合作共赢的下一站!

第四章

开放式创新与企业的
内部创新、转型升级

开放式创新外延的扩大

大企业与高校、研究机构、初创公司的合作，加速大企业自身的产品和服务创新，以及商业模式创新，是大企业实践开放式创新的主要目的，也是以往的研究和实践中重点关注的内容。

近年来在中国的商业实践中，由于初创企业的蓬勃发展及它们在新技术、新模式和灵活度方面的优势，越来越多的大企业开始思考如何和这些初创企业进行合作。

在这个基础上，大企业和初创企业实践开放式创新的外延开始扩大，许多初创企业开始部分参与大企业的内部创新，乃至转型升级的过程。

在之后的几个案例中，我们就可以从这个视角来观察：看看大企业和初创企业的开放式创新合作，还可以有哪些立足点；看看这些面向未来的初创企业，还可以给到大企业哪些启发、帮助和收获。

从英特尔的案例中，我们可以观察到，创业企业如何融入大企业内部创新的过程之中，给予内部创业者们启迪，并且帮助他们更快地进行产品落地。

从霍尼韦尔的案例中，我们可以观察到，企业如何借鉴外部创新加速器的模式，鼓励内部创业者们进行创新产品开发，并且以更为精益的方式进行运作，打通从实验室到市场的流程。

从华润集团的案例中,我们可以观察到,巨型央企如何以开放的心态,在内部建立企业加速器,并且以此为支点帮助集团旗下的各个业务版块和初创企业对接,与初创企业达成合作,并驱动华润集团的能力建设。与此同时,企业加速器也成为公司新的业务内容。

从上海仪电控股(集团)公司(以下简称上海仪电)的案例中,我们可以观察到一家老牌国企,如何通过多方合作,打造"双创"孵化器,为"双创"做出贡献,同时也在内部积极探索适合国企发展的开放式创新模式。

值得注意的是,英特尔和霍尼韦尔在开放式创新方面的探索,都是由中国的创新团队最先开始试验和迭代,在取得阶段性成果之后,再向印度、欧洲国家、北美洲国家进行拓展的。现在英特尔和霍尼韦尔在中国的开放式创新实践已经成为全球范围内的标杆。

华润集团和上海仪电都是国企,它们在进行开放式创新的过程中,都充分利用了自己的优势,同时也在模式上进行了改进和提升,使之更好地服务公司的创新转型,兼顾了公司利益和社会效益,实现了几方共赢。

这些公司的案例也可以启迪我们,开放式创新的方式可以更为丰富,进而为公司带来更多价值。

在之后的内容中,我们将介绍的案例包括:英特尔 I2R(Idea to Reality)、霍尼韦尔"霍创空间"、华润集团"润加速"及上海仪电云赛空间……

英特尔：科技巨头内的"斜杠青年"

深圳，盐田区。

这是英特尔的生命科学解决方案架构师 Y 和 L 同华大集团的第六次会面。华大集团正在寻找高性能的数据压缩解决方案，帮助公司提高数据压缩效率，同时降低存储系统成本。由于基因数据本身冗余度较高，所以华大集团对数据的压缩比提出了很高的要求，可以满足华大集团要求的方案少之又少。

Y 和 L 想到了利用英特尔的 QAT 加速器来提供解决方案，但是，QAT 加速器当时并没有在数据存储中进行大规模应用和推广，推出最终成型的产品可能还需要很长的时间。同时，英特尔内部的研发流程、华大集团的采购流程等，似乎都在阻碍方案的落地实施。

午餐时间，Y 和 L 正在焦虑地讨论着问题。突然，他们想到了英特尔中国的 I2R 项目……

从理念到现实的探索

I2R 项目，全称是 Idea to Reality，意为"从理想到现实"。这是英特尔中国从 2013 年起在全公司开展的创新项目，英特尔中国希望通过这样的方式帮助员工把创意转化为产品，并最终把产品推向市场。最初的 I2R 只征集创意和想法，并给予那些被筛选出的优秀的创新项目以资金和测试资源支持。

但是员工的积极响应及踊跃参与出乎管理层的意料。发起该项目的英特尔中国战略办公室也开始思考，如何更好地利用 I2R 项目来激发员工的创新潜力，更为重要的是，英特尔中国是否可以在 I2R 项目的平台上找到一些可以成为未来增长点的产品，并且将它们尽快推向市场。在 2015 年，I2R 项目在英特尔中国全面开展，英特尔中国也开始邀请外部导师，向入选项目的成员提供技术和业务两方面的培训和指导。

2017 年，英特尔中国更进一步，推出 StartupX 项目，并且让入围团队离开高大上的研发中心、办公楼，直接进入了创业者扎堆的创新加速器 XNode。每个月，入围团队的全体成员都会来到 XNode，接受外部导师的培训和指导，同时在加速器内同其他创业者一起交流互动，探讨问题。

目前，英特尔中国的 I2R 项目已经形成了较为清晰的流程，整体分为两个阶段：孵化和加速。

在孵化阶段，任何英特尔中国的员工都可以在线提交自己的创新想法，这些创新想法经过评估委员会审核认可之后，提出这些创新想法的团队就可以接受培训，完善产品原型，深度思考顾客需求、价值提供、盈利模式及竞争力等问题，并提交商业计划，在选拔日（selection day）进行集中评选。

从 2018 年起，选拔日开始在外部创新加速器中进行，并且呈现出很强的

Pitching(pitch 意为投售,一般指初创企业利用简报的方式向投资人或听众介绍并"销售"创业想法和计划)风格:入选团队的领导者如同初创企业创始人一般,在 5 分钟的时间内快速并完整地阐述创意和商业模式,并且在之后的 3 分钟内对 8 位来自英特尔各部门资深专家提出的问题,进行快速回答。

之后,选拔日的优胜企业(每年一般 5～7 支队伍)会进入为期 6 个月的加速阶段,并在最终的演示日(Demo Day)上进行公开展示。在这个阶段,英特尔中国会根据项目的前景,给予项目团队在技术、资金、培训、市场与公关等方面的全方位支持,帮助创新项目进行市场落地。

在过去的两年,通过 I2R 项目,英特尔中国已经收集了超过 600 个的创新想法,同时有约 50 个加速器项目脱颖而出成功实现产品落地。仅仅 2018 年,这些项目就创造了 1600 万美元的增收。

Y 和 L 的故事

Y 和 L 的团队成功入选孵化阶段之后,驻场导师帮助他们仔细梳理了 QAT 加速器的技术难题,发现硬件和软件的集成是问题的根源,需要对 QAT 加速器与标准的文件系统等进行集成才能真正打造一站式的解决方案。

Y 和 L 的团队及驻场导师不断打磨技术方案和商业模式,他们最终成功帮助华大集团提高了数据的压缩率,同时降低了成本,增强了系统的整体性能。在 Y 和 L 提供的方案的帮助下,128G 的原始数据实现了 70% 的压缩率,并且在 32 个进程同时运行的情况下,将压缩时间缩短了 2.7 倍,同时处理器的占用率从 78% 下降到了 19%。

但这还不是结尾。在此之后,I2R 项目不仅继续为 Y 和 L 的团队提供经费、设备和技术指导,同时还帮助他们与一家 OEM(代工)企业对接,并且不断帮助

Y 和 L 的团队开拓客户群体,努力让这项技术可以在更为广阔的领域发挥更大的作用。

Y 和 L 依然在探索的道路上,他们希望将加速器与分布式文件系统集成,加入最后的解决方案中,进一步使企业的数据中心等提升数据压缩的效能……他们还有很多的想法,I2R 项目正在一一帮助他们实现。

内部创业者的兴起

在英特尔,还有很多像 Y 和 L 这样的创新实践者。他们被称为"内部创业者",他们是英特尔这家科技巨头公司的产品经理或者是技术专家,但他们同时也像创业者一样,寻找客户、接触消费者、打磨产品……他们就是一群"斜杠青年"。

提出内部创业者概念的吉福德·平肖三世似乎就是 20 世纪七八十年代的"斜杠青年"。他自己是一名咨询顾问,也是创业者、作家、大学创始人。

早在 1978 年,吉福德·平肖三世就在一篇题为《企业内部创业》的论文中,提出了内部创业者的概念。此后,他又在 1985 年出版的《内部创业:为何你不再需要离开公司成为企业家》一书中,对内部创业者进行了详细的阐述。之后,不仅美国的许多企业开始尝试通过内部创业的方式驱动企业创新,许多国内的知名企业,包括华为、美的、联想、万科等也进行了诸多尝试。

开放式创新的兴起,在不经意间竟然和内部创新产生了交集,并且彼此助力,促进了企业的创新加速。

工程师 Z 的故事……

英特尔中国的工程师 Z，最近有点儿郁闷……

Z 在工作中发现一个问题：目前的无人机产品由于受到电池容量制约，不仅续航里程受到很大限制，耗电的数据处理等功能也会随之受限。Z 考虑，是否可以把无人机和机器人结合起来，在机器人中导入无人机的数据，让机器人完成数据处理，同时利用机器人搭载的无线充电设备及时为无人机充电。

在这个基础上，Z 越想越兴奋，他希望对无人机和机器人的组合在工业上进行大规模应用，建立无人机控制中心，同时操纵管理多架无人机。他在和同伴们的讨论中感到，地图测绘、山区电网巡检、高速公路急救……将无人机与机器人结合起来似乎大有可为！Z 整理思路，很快写就了项目说明书，然后他找到了英特尔中国，希望可以获得帮助。

没想到，让 Z 和他的团队深感自豪的方案，竟然受到了许多的质疑，遇到了很多挑战……

当内部创业者遇见开放式创新

从理论角度来看，内部创业似乎是一个员工和企业双赢的方案。员工可以继续保持大企业的雇员身份，同时可以运用公司强大的品牌资源，依靠内部的人际网络找到志同道合的伙伴，获得外部创业的体验。同时公司也可以在投入少量资源的情况下，收获创新观点，甚至基于此开发出面向未来的产品，驱动公司不断进行战略转型。

但是从实际的操作中来看,如何保证内部创业者可以在做好本职工作的同时,持续地投入以实现创新观点的落地?如何以比较小的投入,给予内部创业者更好的帮助和指导?这些问题一直困扰着企业管理层和内部创业者们。

殊途同归,无论是内部创业还是开放式创新,都有共同的目标,就是打破企业原有的边界,连接外部广阔的创新生态系统,缩短产品研发的过程,并且在此过程中不断收到客户的反馈,进而不断迭代,最终生产出满足客户需求的产品,提供多元化、个性化的服务。

所以近几年来,开放式创新和内部创业也开始产生越来越多的连接。目前的实践中,开放式创新和内部创业的结合点主要在于创意启迪及项目培训两方面。业内也在思考如何让企业外部创新生态系统的成员更多地融入企业的内部创业项目之中。

在创意启迪方面,企业内部创业团队需要阶段性甚至永久性入驻外部创新空间或者孵化器。例如,英特尔中国的 I2R 项目就和上海著名创新加速器 XNode 合作,在其创新空间内设立专属的办公室。入选 I2R 项目的团队都可以预约入驻,在创新空间内进行项目讨论或者外部会议。在 XNode 的创新空间内还有诸多其他创业企业及其他大企业的创新团队,英特尔中国的创新团队可以在这样的环境中和其他创新者、创业者共同交流碰撞,启迪灵感。

在项目培训方面,越来越多的创业者或者具有创业经验的顾问等受邀成为内部创业的导师,给予内部创业团队指导和培训,帮助他们加速产品落地。例如,英特尔中国就邀请了诸多国内外具有创业经验的资深导师,导师们会根据项目的进度,提供有针对性的指导和驻场培训,帮助内部创业者完善产品原型,并且学会从顾客角度出发,思考价值提供、盈利模式及产品的竞争力。在后期还会给予项目推介、融资与市场活动方面的指导。通过专题讲授及驻场指导,原本专注于技术的研发人员,也开始从客户、从市场的角度出发来思考问题,开始关注产品功能,甚至是商业模式等。

Z 的故事的后续发展

上文中提到的英特尔中国的工程师 Z，带着项目书向英特尔中国申请更多的帮助。但是在开始阶段，具有创业经验的导师就对 Z 说，大而全的解决方案是无法有针对性地解决某个具体问题的，而且大而无当反而不是消费者认同的。无人机和机器人的组合，需要找到某个具体的市场，并且需要专注于解决某一个具体的问题。

在导师的帮助下，Z 开始学习如何进行市场分析、如何进行用户调研。在此期间，Z 还多次申请入驻英特尔中国在 XNode 的创新空间，和其他初创企业请教市场分析的方法。通过大量的市场数据分析及与其他创业者的沟通，Z 最终把应用场景聚焦在工业检测领域，并且根据场景的具体需求，继续打磨产品。Z 的创新项目最终在选拔日中脱颖而出，进入加速阶段。

由于在选拔日上表现突出，Z 的创新项目也获得了许多内部的关注。有内部的同事分享信息说，霍尼韦尔在我国西北部建设了许多太阳能发电站，但由于这些太阳能发电站地处偏远，检测成了大问题。按照工业流程标准，检测需要每周进行，但实际的人工检测，只能最多三个月一次。

Z 和 I2R 团队觉得这是一个特别好的契合点，经过 I2R 的培训指导、牵线搭桥，Z 的创新项目团队和霍尼韦尔取得了联系，并且进行了展示。霍尼韦尔在飞行器控制领域有着很强的行业经验，而英特尔在数据收集和分析处理方面也有着优势，因此双方在无人机和机器人的结合方面很快达成了合作意向。

通过无人机和机器人的结合，目前霍尼韦尔不需要每次都进行人工检测。利用无人机的检测、人工智能的深入分析，霍尼韦尔可以非常有效地找出有问题的电池板，进行有针对性的维修。通过 Z 的团队和霍尼韦尔的多次沟通，现在已经可以实现每两周检测一次。

还有难题，讨论继续……

当然，如何激励员工更好地进行内部创业，依然是个需要长期进行思考的问题。虽然在内部创业的过程中公司给予了内部创业者许多支持和帮助，但许多成功的内部创业者依然会认为，如果自己去创业，可能已经收获了更大的回报，而在公司内部创新可以获得的回报却是非常有限的。英特尔 I2R 团队也曾经鼓励优秀的内部创业者在公司之外独立运营项目，但是响应者寥寥。

开放式创新的理念能够帮助内部创业者更为多元化、市场化地实现产品的快速落地，但同时，外部创业的巨大回报和高度的不确定性，与内部创业的有限回报和资源优势，形成了剧烈冲突，也给内部创业者带来了烦恼和纠结。这个矛盾到现在依然无解。

也许原本就没有什么终极方案。企业创新是一段永无止境的探索旅程，内部创业和开放式创新都是企业创新者在旅途中可以依仗的重要工具！二者的联系越紧密，也许企业创新者们在探索过程中就可以越轻松、越稳健。

霍尼韦尔:为何会鼓励员工"脱产"搞创新?

看着"霍尼韦尔进军除醛领域"的新闻,张博士不禁想起了那段让他自豪的时光。

那时,张博士的下属小王正在装修新房,小王每每说到室内空气,就总是无奈地摇头叹气。常见的除醛方法总是有各种不足,所以张博士觉得在除醛领域应该有一定的市场机会,而且他所在的霍尼韦尔空气实验室(Air Lab),本身就拥有多位室内空气污染源头、室内空气污染种类、室内空气污染处理材料等领域的专家。

但是张博士也想到:第一,自己缺乏产品商业化方面的知识和经验;第二,根据流程,项目的发起需要得到业务部门的调研及认可,而并非由自己所在的研发部门决定;第三,有朋友听说了他的想法,鼓励他自主创业。如此种种,让张博士陷入了思考和烦恼中。

这时,小王告诉张博士,霍尼韦尔的"霍创空间"正在征集创新点子,入选的团队可以"脱产"进行研究和产品开发。而且,小王还愿意和张博士一起加入"霍创空间"。于是,他们开始准备材料……

"霍创空间"的缘起

在张博士陷入思考和烦恼的前一年,霍尼韦尔中国区的管理层面对公司高精尖人才流失的苗头忧心忡忡,也在思考如何破局。管理层发现,人才的流动已经不再像以往那样,从一家大公司到另一家大公司,而更多趋向于离职创业或者加入创业团队——在"双创"的氛围下,许多年轻的精英们面对外部的机会,总是跃跃欲试。

激烈的外部竞争也让管理层开始思考如何可以更快、更好地满足用户需求。在以往,从市场研究、顾客调研到项目立项,要花费很长时间走内部流程。而且当时,所有的项目都由业务部门牵头,待正式立项确认后,才引入研发部门。而从产品研发成功、实现商业化到最后的上市,又需要花费很长时间走内部流程。

与此同时,霍尼韦尔全球管理层对中国市场的发展也表达了信心和积极支持的态度,并且提出了两个要求:一是决策和执行的速度要快,错了就快速改正;二是向优秀的中国本土企业学习,并且和它们协作,为中国的市场和客户服务。

最终,霍尼韦尔中国区的管理层决定,升级公司原有的孵化器为"霍创空间",探索将想法转化为产品,并且尽快推向市场的方法。

心路历程:快速、方法与共创共赢

经过两年多的摸索,"霍创空间"已经形成了具有特色的孵化流程。每个季度"霍创空间"的团队都会面向公司全体员工征集创意,经过各个业务部门推举的专家组成的评委会的评审之后,通过初步筛选的创新项目会进入为期一个月的"前孵化"阶段。创新项目组在此期间需要进一步研究市场、组建团队,在"霍创空间"及霍尼韦尔专家团队的支持下形成项目计划,参与项目路演。通过项目路演审核的团队才能真正"脱产",离开原先的部门和团队,正式入驻霍尼韦尔科技事业部位于上海的"霍创空间"。

在项目选择的过程中,技术能力当然是评委会考察的重中之重,市场潜力、消费者需求也是考核的重点。除此之外,项目团队的组成,特别是项目牵头人的企业家精神及创新热情,也是评委会着重强调的方面。

在进入"霍创空间"之后,霍尼韦尔的专家团队及"霍创空间"团队会对创新项目进行联合诊断,根据实际情况设定孵化的时间(3 个月到半年)及阶段性目标。"霍创空间"采用的方式十分灵活,它给予每个创新项目组专属计划。创新项目组在孵化过程中可以享受霍尼韦尔内部从实验室到软件工程师的全套支持,"霍创空间"团队也会根据各个项目组的不同需求,引入外部资源,对创新项目组进行专项授课和相关分享。

"霍创空间"团队及霍尼韦尔各部门的专家,每周都会和创新项目组进行沟通和交流,了解项目的进展及面临的挑战。同时,专家们也会依照霍尼韦尔成熟的项目管理要求,从市场和财务等角度对项目组进行考核,并在各个阶段进行入口控制和阶段性回顾,决定创新项目下一步的发展。目前,已经有 1/3 的项目被霍尼韦尔的业务部门接受,正式进入产品生产阶段。还有 1/3 的项目正在通过内部和外部合作的方式进一步发展,未来甚至可能从霍尼韦尔剥离,成为真正独立的公司,继续进行技术开发和产品运营。

除此之外,"霍创空间"的关注点也在摸索中日趋多元化。"霍创空间"的墙上清晰描绘了团队两年多以来不断探索的"心路历程"。从一开始单纯追求产品开发的速度,到之后注重创新项目的流程控制、对客户需求的深刻理解和把握。从 2019 年开始,"霍创空间"开始积极融入区域性的创新生态系统,通过与大学(上海交大、清华大学等)、创新园区(张江高科技园区)及创新机构的连接,通过举办技术加速营、创新大赛等方式,吸引具有技术能力且业务方向与霍尼韦尔契合的外部企业加入。同时"霍创空间"的创新技术团队也积极参与外部的交流及展示活动等,进一步加强内部创新团队和外部研究、投资机构的联系。

从实验室到市场

回到张博士的故事。

经过层层选拔,张博士的团队正式入驻"霍创空间","脱产"进行除醛产品的开发。虽然"脱产",但是张博士的团队依然可以使用霍尼韦尔的实验室等各项资源,同时"霍创空间"的团队还给予张博士产品、市场、商业化等方面的培训和支持,并每周和张博士进行交流,支持产品的落地及商业化开发。

现在,张博士的除醛净味产品已经在主要的电商平台上线,并在 2018 年的"双 11"取得非常优秀的成绩。张博士的团队不仅开发出适合家用的产品,也发展出上门甲醛治理服务,实现了从产品到服务的业务模式的升级。

这之后,张博士不断优化产品。他在思考:一方面,如何更好地和电商平台沟通,营销自身产品;另一方面,如何更好地引入外部资源,把产品和服务做大做强。在这个过程中,"霍创空间"的团队会一如既往地给予张博士支持。

从中国到全球

"霍创空间"发展一年之后,这个起源于霍尼韦尔中国区的创新模式开始向其他区域拓展,目前印度、捷克和墨西哥都已经有了自己的"霍创空间"。在采取中国模式的基础上,各区域的团队也在发展"霍创空间"的过程中融入了当地产品研发和业务发展的特色元素。目前,各个区域的"霍创空间"保持着频繁的沟通交流,不仅在运营模式上取长补短,也在许多项目上进行合作。霍尼韦尔的全球内部创业空间计划也在讨论和制定的过程中,也许这个来自中国的创新尝试,会成为霍尼韦尔全球内部创业空间的标杆。

如何把想法变成产品？如何使产品商业化并成功进入市场？创新一直是一段知易行难的艰苦旅程，创新团队在每个过程节点都会面临"To be or not to be（生存还是毁灭）"的严肃挑战。在"霍创空间"的实践中，我们看到项目甄选和孵化过程中的节点控制，看到内部和外部创新生态系统的结合，这些都是"霍创空间"可以从中国走向全球的重要原因。

当然，"霍创空间"的进一步发展依然会面对许多难题：如何在公司内部持续产生具有高商业价值的孵化项目？如何和外部创新机构进一步对接以提升孵化的效率和效益？这些问题都没有现成的答案，我们期待发展中的"霍创空间"可以给我们带来启发。

华润集团:"试一下"试出的产业加速器

詹沛博士曾在知名设计软件公司 Autodesk(欧特克)工作多年,参与著名软件 AutoCAD 的研发。离职后,他创办了上海智绘睿图信息科技有限公司,该公司开发的 ArcSite 是世界上第一款完全模拟手绘输入的移动 CAD 软件。

那一年他回到中国,原本打算推广在欧美国家颇受好评的 ArcSite,但发现国内的应用场景和欧美国家的有着较大的区别,这导致产品水土不服,很难受到国内客户认可。詹博士和他的团队陷入重重的困惑之中。正在此时,一家产业加速器向他伸出了橄榄枝,邀请他和集团的地产公司进行沟通交流……

詹博士合作的这家产业加速器名叫"润加速","润加速"的背后就是有着80多年历史的巨型央企:华润集团!

"试一下"与创新引导

2014 年 9 月,李克强总理在夏季达沃斯论坛开幕式上提出,"大众创业、万众创新"是推动发展的强大动力。自此之后,众创空间、加速器、孵化器等如雨后春笋一般在各地蓬勃发展。在深圳，华润集团的管理团队也在思索，如何利用自身的优势，更好地服务"双创"。

那时企业加速器还不像在当下那么流行。但华润集团从一开始就在探索如何在空间、社区、创业项目及华润集团各个产业之间搭建桥梁。虽然面临许多未知的挑战，但华润集团的管理团队还是在更多地进行"产业对接"方面的探索，想"试一下"企业加速器的模式。

经过对美国 Rocket Space 的充分研究，华润集团成立了"润加速"，将创业项目与华润集团各个产业之间的"产业对接"作为"润加速"发展的核心服务，并在深圳高新区打造了 2000 平方米的办公空间。

在"润加速"起步的同时，华润集团的领导层也在思索，如何拥抱新科技成果，推动华润集团各个产业的转型创新，保持华润集团未来的市场竞争力和可持续发展的能力。在 2016 年，华润集团成立了创新发展和知识产权委员会，引导和推动华润集团各个产业开展科技创新、提升创新能力。同年，华润大学开始打造开放式创新平台，并在 2017 年正式推出。

"润加速"的尝试与华润集团的创新需求不期而遇，并由此擦出了美丽的火花。

摸索出来的产业对接流程

在"润加速"设立之初，其管理运营团队就对其进行了明确定位：所谓"产业对接"，不仅是让初创企业和大企业见面握手，而是要发掘双方的需求，帮助双方达成合作，服务华润集团各产业的创新。"润加速"最早的服务对象是华润置地，然后逐渐拓展到华润集团的电力、燃气、消费品等版块。

最初的产业对接,非常依赖"润加速"初始管理团队深厚的产业经验,特别是在地产领域的经验和洞见。通过他们对行业的梳理及对地产业务运营过程中痛点的理解,"润加速"找到了合适的初创企业,帮助华润集团的地产业务解决难题,获得了很好的评价。

在之后的发展过程中,"润加速"团队开始主动前往华润集团旗下的各个业务部门进行介绍和宣讲,分享其在地产业务中积累的成功经验,并且倾听其他业务版块在产业升级、产品转型中的痛点和难题。基于这些第一手的创新需求信息,"润加速"通过合作网络中的投资机构、创新服务机构、高校等寻找合适的产品和技术,并推荐给需求单位。

随着华润大学开放式创新平台的发展,"润加速"在产业对接方面的能力和经验也得到了更多肯定,并获得了更多在华润集团内部展示的机会。同时,华润大学丰富的课程与专家资源也为"润加速"提供了更专业的创新方法论及更多的行业洞见。随着合作的深化,2018 年起,华润大学开放式创新平台和"润加速"共同承办华润产业创新加速营,"润加速"的服务范围由此延伸到了华润集团的全产业版块。

逐步完善的创新服务

"润加速"在与华润集团各个产业版块的合作和联动中,总结出了"产业共创"的模式,即产业需求获取、创新项目挖掘、定制化产业对接、试点方案制定、项目评审会、产品或服务采购的"产业共创六步法"。

同时,"润加速"还在华润大学的指导下,协助后者进行华润集团内部的创意需求收集。在双方共同承办的产业创新加速营中,初创企业不仅可以了解业务版块的真实需求和业务场景,同时可以通过和"润加速"安排的内外部导师的学习交流,更好地理解产业的商业模式和运行机制,从而提供更有针对性的产品和服务。

除了"产业对接"这一核心服务之外,"润加速"还借助在深圳的空间资源,打造了围绕"智慧物联""大消费""大健康""科技金融"四大领域的垂直产业生态加速器,并且不断探索轻资产模式,目前已经向广州、汕头、厦门三地的公司输出管理服务。

我们需要关注的是,垂直产业生态加速器不仅仅向初创企业提供了办公空间,同时还根据垂直产业的创新难题,设置了实验室等设施,为初创企业提供了研究及商业模式测试的机会。

专业与跨界

随着"润加速"的发展,华润集团的各个产业版块开始对它有着更大的期待。如何满足版块的业务需求,同时介绍引进更多新技术,给予版块以新的启发? 这些问题成为"润加速"管理团队面临的挑战。目前,年轻的团队正在快速学习和消化最新的技术和产业发展趋势,同时也和各个业务部门保持高频的联系沟通,以期更好地了解来自业务一线的创新需求。

回到詹博士的故事。通过"润加速"的帮助,詹博士和华润集团的设计部、成本部及工程部进行了会谈,讨论潜在的商业合作的机会。在交谈的过程中,詹博士发现地产公司最大的痛点是:CAD 图纸版本在各个部门不能做到统一、同步! 图纸不统一、不同步,轻则给公司带来财物损失,重则会造成结构安全隐患,甚至安全事故。

发现痛点后,詹博士的团队立刻针对国内的需求,重新开发了专门针对国内市场的 CAD 图纸云端管理新产品"设享云"。开发过程中,华润集团工程部给予了许多支持,帮助其实现本土化。后来这款产品在华润集团业务的开展中,得到越来越多的应用。

　　伴随粤港澳大湾区的发展,"润加速"也顺势而为,提出初创企业和大企业产业对接中的三个重点领域,具体包括扶持粤港澳大湾区青年创业、催化产学研合作落地及推动产业创新转型。更大的目标也意味着更多的机遇和挑战,我们期待"润加速"在未来给我们带来更多的惊喜!

上海仪电：老国企跳起新舞蹈

　　见到张战韬的时候，他和他的团队正在上海松江的广富林文化遗址公园调试已经投入使用的安防集成管理平台。3 年前，战韬创办了聚焦智慧城市精细化管理的上海天覆信息科技有限公司，该公司目前已经在上海、广东、浙江等地实现了产品落地。谈到自己的成绩，战韬说："除了公司对技术方面的持续投入，在云赛空间孵化期间获得的许多资源，也为创新团队的业务发展提供了动力！"

　　坐落在上海漕河泾园区东区的上海仪电是上海著名的国企。上海仪电拥有 90 多年的辉煌历史，也曾经在大潮涌动中起起落落，最近几年成长为国企转型的标杆，并且在"双创"方面取得卓越成绩——上海仪电旗下的"双创"孵化器云赛空间是工信部第一批全国"双创"平台试点示范项目之一，也是上海科技企业孵化器 30 年成长历程中的杰出代表之一。

　　伏伏起起之间，上海仪电究竟是如何打造云赛空间这个"双创"孵化器的呢？云赛空间又经历了怎样的演化和发展呢？

上海仪电：国企转型的典范

说起上海仪电，老一辈的仪电人乃至上海人都充满着骄傲。1990 年 12 月 19 日，上海证券交易所正式鸣锣开业当天，共有 8 只股票进行交易，这 8 只股票被称为"老八股"，其中，真空电子（600602，现名云赛智联）、飞乐音响（600651）、飞乐股份（600654，现名 ST 中安）都来自上海仪电。值得一提的是，其中的飞乐音响作为新中国第一只向社会公开发行的股票，还曾经上过国际头条：邓小平曾将一张绿色的飞乐音响股票，赠予时任美国纽约证券交易所董事长的约翰·范尔霖（John J. Phelan）。

在改革开放的大潮中，上海仪电乃至我国整个仪电工业都面临着激烈的市场竞争，曾经风光的上海仪电一度成了上海工业领域的"重灾区"。但是，上海仪电面对困局壮士断腕，回归产业发展道路，转型成为智慧城市整体解决方案的提供商和运营商。2018 年，上海仪电的营业收入已经达到 393 亿元，名列上海企业 100 强榜单。

多方合作打造的云赛空间

上海仪电旗下的上市公司云赛智联股份有限公司作为发展智慧城市业务的重要平台，通过混合所有制改革，在最近几年先后收购了上海南洋万邦软件技术有限公司、北京信诺时代科技发展有限公司等民营企业，成为微软云在国内重要的合作伙伴。微软在创新方面是标杆企业，上海仪电也在思考如何进一步促进自身的创新，双方在创新方面取得高度认同。当然，双方的合作也得到了上海仪电所在地区政府上海徐汇区政府的大力支持。

　　天时地利人和。在 2016 年,徐汇区政府与上海仪电、微软中国启动战略合作,携手共建"徐汇—仪电'双创'社区",即云赛空间。

探索适合国企的开放式创新模式

　　云赛空间成立以来,管理团队特别重视整合三方的资源,做好"双创"的服务工作,并作为载体,深化徐汇区、上海仪电与微软中国的合作。同时,云赛空间还承担着协助上海仪电进行探索和创新的责任。在推进的过程中,云赛空间积极探索适合国企发展的开放式创新模式,自上而下进行方向驱动,自下而上进行内容补充,将上下有机结合在一起。

　　首先,在自上而下的方向驱动方面,上海仪电的科技创新部每年都会进行前瞻性的科技趋势研究,同时综合上海仪电下属各家业务公司的技术需求及业务痛点,总结出创新需求重点。云赛空间基于这些创新需求,与创新生态系统的伙伴进行交流和沟通,确定孵化器的年度招募方向,并进行每年两期、每期 20 个团队的招募和后续孵化,其中专注于云计算、物联网、大数据和人工智能的项目团队占比超过 80%。

　　其次,在自下而上的内容补充方面,云赛空间的运营团队在孵化加速的过程中,积极主动走访上海仪电的各家业务公司,了解业务公司当下的具体创新需求及落地场景,有针对性地推荐优质的孵化企业,介绍其技术优势。在云赛空间运营团队的努力和宣传之下,许多业务公司面临创新难题的时候,会首先主动联系云赛空间,了解其是否有相关资源或可行的解决方案。

　　例如,云赛智联股份有限公司在承接上海市大数据中心工作的时候,希望可以用更为高效方式地进行数据管理和分析工作。云赛空间推荐了 13 家企业,并促使 6 家企业与云赛智联股份有限公司进行技术对接和方案沟通。

又例如,上海飞乐音响股份有限公司、上海亚明照明有限公司等企业在灯光控制方面遇到创新难题时,云赛空间也进行积极沟通,并推荐企业与其对接合作。

再例如,许多重要的政府项目也需要长时间的、持续的、大量的投入及最新科技的应用。

作为一家国企,上海仪电承担了许多具有前瞻性的技术研究和业务探索的工作。通过云赛空间平台,上海仪电的研究和业务团队可以接触许多创新企业及最新技术,从而获得研究方面的启发。在这样交流合作的过程中,许多创新企业也可以获得参与智慧城市的业务机会。

在服务上海仪电进行探索和创新的基础上,云赛空间也在近年来打造了"仲夏节""冬幕节"等活动,来推动徐汇区乃至上海的创新创业的发展,更好地帮助创新企业进行展示和宣传,同时让上海仪电及上海其他国有企业的业务部门能够更多地了解这些创新企业,并推动双方的合作。

基于对国企发展创新的认识及国企运营机制的把握,云赛空间近年来也开始为上海汽车集团股份有限公司、中国宝武钢铁集团有限公司等上海著名国有企业推荐可与之合作的优秀创新企业,通过产业黑客松创新对接挑战赛等各种形式,引进优秀的创新团队和解决方案,协助其解决在发展过程中遇到的创新难题。同时,云赛空间正在输出适合国企发展的开放式创新的实践经验,和兄弟单位的孵化加速平台合作共赢。

立足上海,放眼长三角和大湾区,推进国际化

云赛空间作为上海仪电开放式创新的载体,也在探索如何立足上海,放眼长三角,不断深化发展。云赛空间正在酝酿用招募长三角地区的初创团队、向长三

角地区其他兄弟城市的企业输出管理模式等一系列的方式,更好地服务长三角地区一体化发展。

不仅仅是长三角,云赛空间的管理团队也在和粤港澳大湾区的优秀孵化器商谈合作,希望更多优秀的创新企业可以在双方的品牌活动上做更多的展示和交流,帮助这些优秀的创新企业获得更多在长三角和大湾区发展业务的机会。

云赛空间也在推进国际化发展,连接来自全球的创新创业企业。云赛空间在 2019 年启动了与加拿大创新机构的合作,招募国际创新企业来上海参加创新创业大赛,并进一步促成优秀的国际创新创业企业落地上海。

作为一家著名的老牌国有企业,上海仪电在新的时代,由"体制创新＋科技创新"双引擎驱动,为地方国有企业改革提供了鲜活样本。在上海仪电转型创新过程中诞生和成长的云赛空间,以开放式创新的方式,集合外部创新生态系统的优势,积极协助上海仪电进行创新探索,为"双创"做出贡献。

老国企跳起新舞蹈,在开放式创新的探索中昂扬向前！很多曾经和现在领先的企业都可以审视自身,向自我提问:在征途中,自己是否已然变得保守和封闭？开放式创新,会让你不再固步自封。

第五章

开放式创新的
外部支持系统

听起来很美，看起来很好，其实差异挺大

在企业实践开放式创新的过程中，外部的创新生态系统起到了重要的连接作用。

究其原因，不外乎以下几点。

首先，从企业开放式创新发展的阶段来看，许多企业缺乏有关开放式创新的认知、实践开放式创新的团队及渠道，所以需要外部创新生态系统给予支持。其次，从企业培育和发展自身创新能力的角度来观察。企业一般会将几项能力定义为核心能力，进而不断投入资源去发展这些核心能力，使其成为自身的竞争优势。而对其他非核心能力，企业往往偏向于采用外部合作的方式对它们进行补充。再次，从企业探索未来技术方向的角度来说，许多企业需要和外部机构进行合作，探索尚不成熟的技术方向，从而分散内部的试错风险，并且收集有用的信息，为确定内部技术路线方向提供参考和支持。最后，从企业的认知边界来说，企业无法也不需要将许多跨行业的知识和信息都集成在企业内部，相反只需在企业内部保留行业相关储备，而将更多跨行业的知识和信息留在外部创新生态系统，与之保持必要的联系，确保一旦需要，可以立即从外部创新生态系统调取资源即可。

在企业实践开放式创新的初期，许多投资机构、咨询机构扮演了重要的角色，它们帮助企业和外部的创新企业等进行对接。但是由于这些机构对企业的

需求或是对创新企业的能力的认知有限,加上大部分投资机构和咨询机构的人力成本较高,所以无法为企业提供偏重于运营方面的支持。这些投资机构和咨询机构更多的只是提供信息与初步对接服务。

随着"双创"的发展,越来越多的共享空间、孵化器和加速器开始蓬勃发展。它们自身的业务属性使得它们拥有大量初创企业和创新企业的信息,加之其成本结构与人员结构使其能够为企业提供人力密集、知识密集和运营密集的服务。

但是,目前市场上大量的共享空间、孵化器和加速器良莠不齐,并且由于在发展的初始阶段,许多共享空间、孵化器和加速器有意或者无意模糊概念,造成目前共享空间、孵化器和加速器概念混用、错用的情况非常普遍,这也给企业选择合适的外部伙伴,造成了许多困扰。

我认为,如果严格按照概念及实践进行区分,共享空间、孵化器和加速器的主要商业模式分别是:共享空间,通过为初创企业提供办公空间及必要服务,收取房租或者会员费;孵化器,通过为初创企业提供创业服务,帮助其探索商业模式,对其进行投资,以此收取会员费或换取初创企业的股份;加速器,通过为初创企业提供导师资源和人脉资源,加速初创公司成长,对其进行投资,以此换取初创企业的股份。

最近几年平台战略的概念颇为流行,许多大企业希望通过叠床架屋的方式,将自身打造成所谓的"平台企业"。但是从初创企业的需求来看,融资、技术及客户资源是其痛点,而能解决其痛点的大企业却少之又少;从大企业的角度来看,拥有行业解决方案、拥有可以落地的初创项目是其需求,而能满足其需求的初创企业同样寥寥无几。

因此,从加速器、孵化器和共享空间近年来的发展情况看:听起来很美——由拥有行业经验的精英人士创建,有许许多多行业大咖作为导师,有精美的办公空间——但是实际情况往往不如想象中的那样美好;看起来很好——许多共享空间和孵化器都希望逐步扩大在投资圈和企业圈的人脉资源,帮助初创企业与它们进行对接,所以许多共享空间、孵化器甚至加速器都在逐步采用低价甚至免

	加速器	孵化器	共享空间
对于大企业的价值	高质量的、具有一定行业解决方案能力的初创企业	数量较多、涉及多领域的初创企业群体	数量较多、涉及多领域的初创企业群体
与大企业的合作模式	合作建立企业加速器或投资基金，会员费	会员费	会员费
对于初创企业的价值	加速企业增长，投资	帮助探索商业模式	以较为低廉的价格获得办公空间及必要服务
与初创企业的合作模式	以投资或服务换取初创企业股权	会员费，以投资或服务换取初创企业股权	房租，会员费
持续时间	固定期间，一般为3~6个月	长期合作协议	长期合作协议，房租协议
重要资源输入提供	导师资源，人脉资源	投资人和大企业资源，创业辅导课程	办公空间及其他必要商务设施，创业辅导课程
筛选方式	严格的、标准化的筛选流程，筛选要求较高	各孵化器有对于行业或技术的特定要求，筛选要求较低	筛选要求较低

▲ 加速器、孵化器和共享空间的差异比较

费的方式为企业和投资人提供初创企业资源，但是优质资源毕竟是少数，它们所提供的资源在大部分情况下都极为普通，甚至无法满足企业的初步需求。

在这样的市场下，我认为，企业通过外部的创新生态系统对接初创企业，最好是与具有一定知名度的加速器合作。在选择外部创新生态系统的过程中，企业可以关注以下几个方面：加速器关注的领域及行业是否和企业的需求相关？加速器过往项目的合作企业和投资机构有哪些？加速器的能力与水平如何？当然，判断加速器是否具备一定的能力，企业内部的创新团队自身首先需要具备一定的能力和知识储备。我建议企业内部创新团队在初始阶段可以多多参考行业排名等信息，并通过实地走访、参与活动等形式，获取第一手的信息，并在此基础上增强自身及团队对行业的判断能力。企业可以参与加速器举办的路演活动及企业对接活动等，之后再做决定。

在之后的几个案例中，我将基于自身的实践和调研，介绍个人认为在目前市场上具有特色的加速器和孵化器。

- 微软加速器。微软通过开放式创新,对外连接初创企业,推动自身从操作系统提供商向"云计算＋人工智能"技术服务商转型,从这个角度来说,微软加速器本身就是一个大企业实践开放式创新的案例。同时,微软加速器在中国精耕细作,获得了很高的行业认可度,其筛选方式、运营模式等已经成为业内标杆。在发展过程中,微软加速器自身也在不断演化发展,特别是近年来其业务与微软业务结合得更为紧密,形成了良性的互动和协同。

- Plug and Play。经过在中国市场的多年实践,Plug and Play 在中国市场的表现已经远远超过它在硅谷的同行。同时,相比国内的竞争对手,Plug and Play 中国也具有极大的竞争优势。研究这家来自硅谷的孵化器,如何在中国市场做本土化探索、如何基于本土市场的特点不断发展,相信可以给大家以启发。

- 中关村创业大街。在"双创"的实践过程中,具有政府背景的产业园区和创业基金等发挥了重要的影响,孵化器、加速器等也在此过程中不断发展和完善服务,提升能力。中关村创业大街所在的中关村作为中国创新生态高地,在发展过程中也不断寻找自身的独特定位,并在连接头部企业与创新机构的方面,积累了丰富的经验。

同时,这三家企业在发展过程中不断应对市场需求的变化,不断以非常敏捷的方式进行发展和演化。经过几年的时间,它们已经远远领先那些曾经共同出发的竞争对手,占据了竞争中的优势地位。它们迭代和发展的过程,相信也可以给予许多大企业的经营者和管理者以启发。

之后,我将介绍的案例包括:微软加速器、Plug and Play 中国,以及中关村创业大街……

微软加速器:不断迭代和更新的 B2B 平台

2020 年 4 月,上海。

在一家沃尔玛门店,马先生像往常一样把亲手挑选的橙子放到自助服务秤上,他正准备在屏幕上做翻页选择,屏幕上就已经跳出了窗口,显示出橙子的名称、单价及重量等,马先生点击确认,标签就立刻打印完成了。

马先生看着这台自助服务秤,满是好奇,他发现称重机上方加了一个摄像头,其他也没什么不同。"非常方便,快了很多啊!"马先生推着车走了。

不远处,沃尔玛的员工 Amy 和 Alice 正在观察和记录顾客使用自助服务秤时的反应,她们翻看 2020 年 4 月的运营数据,发现顾客称重时长比原来减少了6~8秒,高峰期的称重效率提升了40%。

看似普通的自助服务秤,背后包含着图像识别、机器学习、人工智能、云计算等多项黑科技,服务提供商是一家名为深圳码隆科技有限公司(以下简称码隆科技)的初创企业。沃尔玛、码隆科技、世界 500 强、初创企业、零售巨头、科技公司……这一系列组合的背后,浮现出一个我们熟悉而又陌生的名字——微软加速器!

在国内的创投圈中一直流传着这样一句话:"微软加速器比哈佛大学还难

进。"更有意思的是,微软作为一家科技公司,为何要做一个加速器呢?

故事要从 12 年前一场并不怎么热闹的发布会讲起……

微软:从 Windows 到 Azure

2008 年 10 月 27 日,美国洛杉矶。

时任微软首席软件架构师的雷·奥兹(Ray Ozzie)在洛杉矶会展中心正在举行的 2008 年微软专业开发者大会(Microsoft Professional Develops Conference, PDC)上,发布了 Windows Azure(2014 年 4 月起改名为 Microsoft Azure)。从当时发布会现场的录像来看,雷·奥兹在宣布发布 Windows Azure 之后,场面并没有十分热烈,两三秒的冷场之后,现场响起了非常礼貌的掌声,雷·奥兹在台上也开始为自己鼓掌,带动一下气氛……

当时可能没有人能想到,个人计算机时代当之无愧的王者,从 2008 年开始显现出颓势,财务增长陷入停滞,到 2009 年股价更是一度创下 10 年来的新低。也没有人能想到,从个人计算机时代到移动互联网时代的变迁竟然发生得如此迅捷,在这期间,微软慢慢远离了聚光灯的中心,迅速取代微软那万众瞩目的位置的是那些年轻的互联网企业——脸书、亚马逊及王者归来的苹果。

更没有人能想到,错失移动互联网时代的微软,在人工智能和云计算时代又再次崛起,市值更是在 2019 年 4 月首次超过 1 万亿美元,成为苹果和亚马逊之后,全球第三个市值突破万亿美元大关的科技巨头。

1 万亿美元是什么概念呢? 200 多个国家中,2019 年只有美国、中国、日本、德国等 16 个国家的 GDP 超过了 1 万亿美元!

而驱动微软转型升级的,正是以 Microsoft Azure 为代表的云业务版块。2019 年 7 月,Microsoft Azure 业务部门的销售收入,历史上第一次超过了 Windows 部门。Canalys(世界著名调研公司)于 2020 年 2 月 4 日发布的报告显示,2019 年云服务的市场中,亚马逊 AWS 占比 32.3%,Microsoft Azure 占比 16.9%,谷歌云(Google Cloud)占比 5.8%,阿里云占比 4.9%……云计算领域的双巨头格局已然呈现。同时,从云计算的细分领域来看,微软的布局包含了 IaaS(Infrastructure-as-a-Service)、PaaS(Platform-as-a-Service) 和 SaaS(Software-as-a-Service)3 个领域。

从特拉维夫到北京

2011 年 11 月,以色列特拉维夫。

在微软以色列拉特维夫研发中心负责战略和业务拓展的副总裁扎克·维斯菲尔德(Zack Weisfeld)向时任微软服务器与工具部门总裁的萨提亚·纳德拉(Satya Nadella)提议,设立 Windows Azure 加速器(Windows Azure Accelerator)。当时 Windows Azure 业务的收入只有几百万美元,而亚马逊 AWS 的收入已经达到了数十亿美元。

后来扎克表示说,当时提议设立加速器,是希望"一开始就和那些未来有机会成为大公司的创业公司建立良好的关系,把它们当作微软的早期客户来培养",希望这些创业公司在初始阶段,就可以使用微软的产品、服务和解决方案。而拥有众多创业公司的"创新国度"以色列,当然是微软连接创业公司的最佳起步点。

虽然当时微软内部也有许多不同的声音,但是萨提亚给予了扎克强力支持,他鼓励大家尝试新的事物,如果成功就继续走下去,如果不成功就继续尝试其他的方向。

于是,在 2012 年 3 月 14 日,第一个 Windows Azure 加速器在微软特拉维夫赫兹利亚(Herzliya)的微软以色列研发中心发起设立。在一年两次每次为期 4 个月的加速器项目中,入选的 10 家创业公司将获得两年免费使用 Windows Azure 的资格,而且会获得免费的办公空间及项目培训等。在初始阶段, Windows Azure 加速器就确立了"帮助但不获取(Assist but not Acquire)"的模式,微软向参与者提供技术支持、商业合作及联合销售的机会,但并不会获取初创企业的股份。微软加速器,在初始阶段就和以 Y Combinator(创业投资加速器)为代表的硅谷加速器走上了完全不同的道路。

2012 年 4 月,以色列特拉维夫第一期的 Windows Azure 加速营举行了开幕活动。活动现场嘉宾云集,恐怕很少有人能留意到那几位来自北京微软亚太研发集团的工作人员。仅仅 3 个月之后,微软全球第三家加速器就在北京发起成立,当时的名字还叫"微软云加速器(Microsoft Accelerator for Windows Azure)"。经过 3 轮遴选,微软亚太研发集团及其基金合作伙伴 IDG 资本从申请的 50 家创业企业中,选拔出 10 家创业企业入选第一期微软云加速器。这一次,微软依旧免费提供云计算资源、位于北京的微软亚太研发集团总部的办公空间及包括投资人、微软技术专家、管理专家在内的导师资源。入选企业还将获得与全球创业者及投资人交流沟通的机会。

2014 年 2 月,萨提亚就任微软 CEO,他在同年 3 月 27 日正式发布"移动为先,云为先(Mobile First,Cloud First)"的战略愿景。2014 年 9 月,中国国务院总理李克强在夏季达沃斯论坛上发出"大众创业、万众创新"的号召,几个月后,又将其写入 2015 年《政府工作报告》。

在内外机遇的作用下,微软加速器在中国走上快车道。相比起第一期申请的 50 家创业企业,之后每期申请数量都在递增,2016 年之后,每期都能收到超过 1000 家企业的报名。但最终入选的企业只有 15~20 家,一时间,"比哈佛大学还难进"的说法让微软加速器在创投圈声名鹊起。微软加速器从 2012 年在中国设立开始至 2020 年年初,是唯一一家连续 6 年获得上海投中信息咨询股份有限公司评选的"年度最佳孵化器 Top 10"或"中国最佳众创空间 Top 10"称号的企业。时至今日已经连续 7 年获得 China Venture(投中集团)"中国最佳孵化器"称号。

北京＋上海

2016 年 5 月,上海。

微软全球第八家,中国第二家微软加速器入驻上海。这标志着中国成为目前全球唯一拥有两家微软加速器的国家。

微软加速器在北京的落地主要由微软的研发和业务层面推动,微软加速器入驻上海的过程中,上海市徐汇区政府、上海著名国有企业上海仪电及微软中国都发挥了积极的促进作用。而这一切,竟然也起始于 2012 年……

2012 年,微软在上海与北京世纪互联宽带数据中心有限公司达成合作,使 Windows Azure 和 Office 365 服务落地中国实现商用。2014 年 6 月,为了配合 Microsoft Azure 的发展,微软亚太科技有限公司在上海徐汇区的紫竹科学园区成立,而早在 2010 年,微软已经在紫竹科学园区组建了中国的云计算创新中心。同时,总部位于上海徐汇区的云赛智联股份有限公司下属的上海南洋万邦软件技术有限公司,与微软中国业务合作的历史长达 20 年,是微软在中国最大的软件代理商。

微软在中国的发展,无论是业务布局还是人才培养,都需要政府部门及合作伙伴的支持;上海仪电则需要进一步提升在智慧城市等领域的技术能力与品牌形象;同时,徐汇区政府也需要打造"'双创'高地"。于是,在三方的共同努力下,微软加速器落户徐汇区漕河泾开发区,同时三方携手共建"徐汇—仪电'双创'社区",即云赛空间。2016 年 10 月 14 日,微软加速器上海开启首期招募。2019 年秋季,为了更好地服务遍布全国的优质的高科技初创企业,对其进行跨地域扶持,上海和北京的加速器合二为一,整合核心资源,进行统一招募。

初创企业孵化和大企业客户对接

自从 2012 年在中国落地以来，微软加速器交出了一份令人尊敬和赞叹的答卷，截止到 2019 年 3 月，微软加速器累计为 322 家创业企业加速，参与微软加速器的企业（微软加速器称它们为校友企业）总估值超过 2000 亿元，参加加速器之后估值的增长率平均超过 280%，其中超过 93% 的创业企业获得了下一轮融资。

在不断发展进化的过程中，微软加速器在中国也呈现出许多立足本土市场的特点。

在最初的两三年内，微软加速器的北京团队还会帮助创业团队做招聘工作，帮助他们在快速发展的过程中找到高质量的人才；同时还会帮助创业团队进行媒体宣传，让创业公司可以在市场上发出声音且被潜在客户听到。

微软加速器在不断摸索的过程中发现，初创企业、微软服务的大企业，以及微软内部的各个团队，对微软加速器都有着不同的期待：首先，初创企业认为，微软加速器带给它们最大的价值之一就在于，帮助它们对接大企业客户，并且针对大企业的痛点，由它们提供创新解决方案，创造双方直接合作的机会，帮助它们实现业务的快速增长。因为在初创企业发展的过程中，开拓客户是初创企业遇到的一个很大的难点，也是它们的刚需。其次，许多大企业的确对创新的行业解决方案非常感兴趣，但是更希望拿到成品，拿到可以被直接应用的解决方案。再次，微软本身是一家平台型公司，而并非行业专家。许多时候微软的销售去和客户讨论产品和技术，整个过程往往显得比较枯燥，没有办法直击客户的业务痛点。

虽然有不同的期待，但各个利益相关者都可以在微软加速器各取所需，同时碰撞出其他商业合作的机会。从 2017 年起，微软加速器开始从自身出发构建一个包含大企业和初创企业的网络。首先,通过对行业龙头企业调研,微软加速器可以更加清晰地了解行业领先企业目前在服务消费者的过程中遇到的问题,也就可以更加明确技术创新需要解决的实际问题,在此基础上对初创企业做选择也会更有针对性;其次,与专注各个细分领域的初创公司合作,使得作为平台公司的微软,可以非常灵活地与各个行业进行连接,提供包含微软服务和产品的行业解决方案;再次,初创企业获得了微软的技术背书,甚至是市场和销售方面的支持,也更有机会获取行业龙头企业的青睐乃至之后的订单。

正是基于以上的观察和实践,微软加速器开始与制造业、服务业、金融业等行业的大企业——例如戴姆勒、霍尼韦尔、可口可乐、万达等——达成合作,通过定期的交流和分享去寻找企业的真正痛点。微软加速器北亚区 CEO 及董事总经理周健在接受采访时谈道,微软作为数字化转型的专家,在前期和企业沟通交流的时候,可以帮助企业管理预期,使企业了解从哪些领域入手可以较好地进行业务的数字化。在对接大企业和初创企业之前,微软加速器的团队会花大量时间深入了解各方需求,并且基于微软加速器校友企业的技术能力和解决方案,使各方做到精准高效的对接,从而为大企业提供有针对性的行业解决方案,实现各方共赢。

同时,微软加速器也将关注重点放到了 A 轮到 B＋轮融资的公司身上,因为这些公司往往已经度过了初创期,在产品及行业解决方案上已经有很好的应用案例。另外,微软加速器在招募时也提出了要求,希望初创企业可以与微软的销售团队一起合作,面向目标客户,为目标客户提供融合了初创企业的行业解决方案与微软云计算服务的打包方案,实现多方共赢。

认知升级之后的微软加速器,在对接大企业和初创企业方面更为坚决,也更为有效。首先,微软加速器带领入驻的初创企业积极走访大企业,真正了解行业和客户的痛点,甚至可以直接与大企业就技术方案展开沟通,实地进行概念验证;其次,微软加速器也会邀请某些行业龙头企业的业务部门来参观访问,针对其提出的各种需求,推荐业务与其需求匹配的校友企业与之进行沟通交流,寻找业务合作的机会;再次,微软加速器也会邀请多家同一个行业的企业召开峰会,多对多地与初创企业进行对接和交流。

在微软加速器不断发展的过程中,其自身与业务部门的联系也日趋紧密。微软加速器在刚刚落地中国时,隶属于微软亚太研发集团,之后被并入开发者关系/体验部门,从 2017 年起,被纳入云计算部门。

Microsoft Accelerator 到 Microsoft for Startups

2017 年 8 月,微软将人工智能正式纳入公司战略发展的愿景之中,并对外宣称:"我们的战略愿景是,通过为智能云世界和由人工智能支撑的前沿领域提供平台、产品和服务来实现发展。"为了使技术进行更好地落地,2018 年年初,微软宣布了一个雄心勃勃的目标,希望成为全球 B2B 初创企业商业应用云的领先供应商(leading enterprise for B2B startups in the world)。2018 年 2 月 14 日,微软宣布推出 Microsoft for Startups(发展新创公司),承诺在之后的两年投入价值5 亿美元的联合销售(co-selling)资源,并将为客户对接合适的初创公司纳入微软全球销售的业绩考核体系。微软加速器将英文名从之前的 Microsoft Accelerators更改为 Microsoft for Startups,并开展微软加速器创业扶持计划和微软加速器创业加速计划。

从 2020 年开始,微软加速器创业扶持计划在中国进行全年滚动招募,覆盖从种子轮到 C 轮的高科技初创企业。一年两次的微软加速器创业加速计划节奏保持不变,但是入围企业将从微软加速器创业扶持计划的入选企业中进行选拔。初创企业入选微软加速器创业扶持计划之后,微软加速器就会为其指定专门的客户成功经理(Customer Success Manager)。之后初创企业和微软将共享双向的销售线索,进行联合销售。

码隆科技的故事:百家门店落地

码隆科技的管理团队和沃尔玛的创新团队是在微软加速器举办的一场活动中相识的。大家在非常平等和开放的环境中交流了对零售行业数字化转型的观点:沃尔玛的创新团队分享了他们在业务发展过程中遇到的问题,码隆科技的管理团队分享了他们的技术方案及行业观察。

在不断进行沟通和交流的过程中,码隆科技的"自服秤图像识别解决方案"契合沃尔玛的业务场景及运营痛点,得到了沃尔玛团队的认可,于是"自服秤图像识别解决方案"将在沃尔玛门店的真实场景下开始技术验证。

除了独立举办活动,微软加速器还和许多大企业联合举办活动,在真实业务场景下探索初创企业和大企业技术与业务的结合方式。例如,微软加速器和沃尔玛共同组织 HackTour(黑客之旅)创客行活动,来自微软加速器的 10 多家创业企业一起来到沃尔玛的门店,参观了门店后仓、O2O 订单拣货区、顾客服务前台、收银台等区域。各位创业企业的代表们能够在参观过程中细致观察,并且和沃尔玛的专家们及时沟通和交流。

2020 年 4 月底,码隆科技与沃尔玛共同打造的"自服秤图像识别解决方案"正式发布,并且计划在 2020 年内,落地沃尔玛在全国的百家门店。

在入选微软加速器之后,除了进行持续的技术支持,微软加速器的团队还将帮助尚处于早期创业状态的码隆科技加强团队,为其进一步优化商业模式。在之后的发展过程中,微软加速器帮助码隆科技与行业头部企业建立连接和合作,促成技术方案的落地和实现。

微软加速器如何盈利一直是让微软内外部讨论和疑惑的话题。在很长的一段时间内,微软加速器一直扮演着"前人种树,后人乘凉"的角色,不仅没有收取初创企业的费用,也不占股份,还要提供许多微软内部资源,以及客户、投资机构等外部资源,帮助其成长。这种方式似乎很像 VC 的打法,即精挑细选以博得较高成功率,用几家明星企业的爆发式增长来覆盖其前期的投入。

在此过程中,不仅微软的平台产品得到了更多的应用和实践,同时微软加速器也进一步增强了与校友企业及行业领先企业的沟通和连接,形成良性的外部正循环。下一次的合作共赢,也许就将在这持续的循环中孕育、萌芽。

在发展的过程中,微软加速器,特别是在中国的两家微软加速器,逐渐把自己发展成为网络中的关键节点,甚至成长为平台。通过许许多多的微软加速器校友企业,微软也开始提供专业的产品和服务,在成为平台领导者的同时,也成为行业专家,弥补了之前的短板。

不仅如此,微软加速器自身也就形成了一个闭环:首先通过和龙头企业的交流和沟通,了解行业真正面临的问题和痛点,从而带着问题去有针对性地选择初创企业;在此基础上,对初创企业的行业解决方案和 Microsoft Azure 云技术进行有机结合,从而真正解决龙头企业的问题。

回溯过去 10 年的商业实践,许多傲立浪尖的企业都试图将其自身打造为一个平台,通过不断交叉的网络实现快速扩张。从典型案例来看,许多企业都是 to C 的,例如社交软件、电商平台等。但是从微软加速器的实践来看,微软加速器正在将自身打造成为一个 to B 的平台。微软加速器未来在开放式创新中的不断变化和探索,是值得我们细细品味和琢磨的。

当然,这些变化的基础是微软加速器几年如一日不间断地投入。同时,在微软加速器的组织结构下,驻企 CEO 和 CTO 变成了高效灵活的特种部队首领,在发展的过程中不断倾听公司内部及市场的声音,不断做出回应和调整。这支敏捷的专业团队,同样值得我们钦佩。

Plug and Play 中国:硅谷范儿与中国洞见的碰撞与融合

"这是一场秀,一场大秀!"一位欧洲某零售企业中国区的创新总监 Alice 难掩激动之情。

上海浦东新区,Plug and Play 长三角区域创新中心刚刚落成。Plug and Play 中国 2019 年冬季峰会正在进行中,现场有来自中国金茂控股集团有限公司、国家电网、万达、慕尼黑再保险公司、交通银行、一汽、联合利华、万豪等行业标杆企业的嘉宾,也有来自众多中外领先的创新企业的创始人和 CEO 们。

来自行业标杆企业、高校、研究机构、咨询公司及创新企业的代表们逐一上台,在各自 15～20 分钟的演讲和分享阶段,用高密度的信息向观众展示研究成果、技术演进趋势及公司的产品和服务。在圆桌论坛环节,来自欧洲国家、美国、日本、新加坡和中国的企业代表和创业精英们侃侃而谈,进行思想的碰撞。在创新成果展示环节,创新企业依次上台,在 10 分钟的时间内,通过多种方式展示自己的产品和服务。在各环节之间的茶歇环节,现场更是热闹非凡,许多参会者和新老朋友们聊天、讨论、交流,把玩最新的黑科技展品……

Chris 上前来和我打招呼。还在斯坦福大学数学系读本科的他,暑期在 Plug and Play 硅谷总部实习,这次过来支持在上海的冬季峰会。

"我感觉这儿和硅谷完全一样!"他边说边给我递上一杯冰可乐。

硅谷的幸运办公室

Plug and Play 在中国区的总部,就坐落在北京清华大学东门的中关村智造大街,周围有北京大学、清华大学、北京航空航天大学和北京邮电大学等知名大学。进入大楼,前台左侧的两面 logo 墙立刻吸引了大家的关注:一面是诸多世界500 强企业的 logo,这些都是 Plug and Play 在全球的企业客户;另一面是许多创新企业的 logo,这些都是 Plug and Play 曾经或正在投资的全球独角兽企业,其中包括 PayPal、Lending Club、Dropbox(网络文件同步工具开发商)和 Guardant Health(专注于液体活检的明星公司)。此外,前台的天花板上还悬挂着各个国家或者地区的旗帜。进入开放式的办公区域,许多年轻的创业者们正在专心工作,边上的会议室里,几位创业者正在进行着视频会议……

这些布置,这些细节,几乎都在复刻在硅谷帕罗奥多的幸运办公室——那里就是 Plug and Play 最早的总部"小楼"。

是的,真是一栋"小楼"!

沿着斯坦福大学的棕榈大道(Palm Drive)往北走,走过阿尔玛街(Alma Street),就来到了 University Avenue(大学大道)。这条不长的街道内挤着众多餐馆、小酒吧和饮品铺,165 University Avenue(大学大道 165 号)在这其中显得极为普通,但它的主人 Amidi 兄弟会告诉我们,它并不普通,"有一种领袖气质在其中"。

1988 年,Amidi 兄弟买下了这栋小楼,然后将其出租给正在硅谷悄然崛起的创业企业和高科技公司。第一个租户就是罗技(Logitech),罗技的两位创始人就在这里发布了第一只罗技鼠标 P4。之后的租户,就是现在无人不知无人不晓的谷歌。谷歌创立于车库,但是车库是没法注册公司的,所以谷歌第一个正式的办公区域就设立在这栋小楼。谷歌成立的时候只有 6 个人,不到一年的工夫,员工数量就增长了 10 倍,这栋小楼就没法容纳火箭般发展的谷歌了。谷歌离开之后的下一个租户是 PayPal。PayPal"黑帮"在这里热血沸腾的时候,公司只有几个人,但一年之内便增长到了 60 个人。165 University Avenue 的 The Lucky Office 的名声从此在硅谷流传,小楼之后的租户后来还包括 Danger(手机软件开发商,2008 年被微软收购)、Milo(购物搜索引擎,2010 年被 eBay 收购)等。

当发现这栋小楼的确有"领袖气质",Amidi 兄弟也开始对早期的初创公司进行投资。2006 年,Amidi 兄弟在距离 165 University Avenue 小楼 10 英里(约 16.1 千米)的 Sunnyvale(森尼韦尔)创立了孵化器 Plug and Play。

Plug and Play 每年从 8000 多家创业公司中精选 200 家,向其提供孵化和加速服务,同时帮助创业公司与世界 500 强企业进行深度对接,并在技术领域进行深度合作。

硅谷范儿和青春风暴

2015 年,Plug and Play 来到中国;2016 年 7 月,Plug and Play 中国总部入驻中关村智造大街。那时的 Plug and Play 已经在北京、上海、苏州、重庆等 8 个城市设有孵化加速器,并且已经投资了超过 200 家中国的创业团队。与此同时,借助于 Plug and Play 在全球的大企业合作网络,Plug and Play 在中国的团队也开始与诸多世界 500 强企业在中国的创新团队展开合作。

2017 年 6 月,Plug and Play 中国首届夏季峰会在北京酒仙桥恒通国际创新园召开。完全复刻硅谷夏季峰会的北京夏季峰会一亮相便给大家以惊艳之感。在整整一天的峰会中,上午是物联网专场,下午是移动出行专场。特别在移动出行专场,来自罗兰贝格的创新专家,来自戴姆勒、博世、法雷奥集团和米其林创新和研发方面的负责人,还有来自上海禾赛光电科技有限公司、上海评驾科技有限公司等创新企业的创始人及 CEO 纷纷登台发表演讲,参与圆桌论坛。业内专家在现场感慨道,Plug and Play 中国几乎把中国移动出行领域的半壁江山都请到了现场。

与此同时,Plug and Play 中国的管理和运营团队也给中国的孵化器和加速器市场带来了一场"青春风暴"。中国区的管理团队和运营团队大部分都是常春藤名校毕业的年轻精英们,此外还有不少是斯坦福大学、加州大学伯克利分校、加州大学戴维斯分校的高材生们。虽然他们初出茅庐,但是他们对创新怀有极大的热情,又对硅谷模式极为熟悉,他们身上的一股子蓬勃朝气令人羡慕。这一切让 Plug and Play 中国成为聚光灯下的宠儿。

左右徘徊与进退为难

但是,这股"青春风暴"却在 2018 年日渐缓和。Plug and Play 在就提供创业创新服务上谋求与世界 500 强企业续约时遇到了不少挑战,与此同时,不少 Plug and Play 中国团队成员,也渐渐发现赖以成功的硅谷模式似乎遇到了一些瓶颈。

如果粗略拆分 Plug and Play 在硅谷的模式,我们可以发现:Plug and Play 的主要收入来源于风险投资、大企业的会员费及联合办公空间的租金收入。在硅谷,大企业缴纳会员费之后,Plug and Play 就会根据企业客户的需要,帮助其对接初创企业。此外,高阶企业会员还可以参与加速项目,选择与自身业务紧密相连的初创企业为其定制技术解决方案。

在 Plug and Play 中国发展的初期,许多世界 500 强的企业延续与 Plug and Play 在全球其他国家的合作传统,在中国成为会员,缴纳会员费,并享受由 Plug and Play 中国提供的服务。但是由于这些世界 500 强在中国的机构承担着赚取利润的重要任务,对于财务回报非常看重。在这样的背景下,许多企业在中国的领导层认为,与初创企业对接等服务在短期内无法为提升自身利润提供帮助,因此这些企业的中国分部不再继续延续合同。与此同时,国内许许多多的加速器和孵化器也在借鉴和发展 Plug and Play 中国带来的硅谷模式,并且以更低的价格,甚至为大企业提供免费服务。

在这样的背景下,Plug and Play 中国的管理团队在市场的激烈竞争中陷入了迷茫,Plug and Play 中国到底应该何去何从?

深耕行业

在 2018 年的很长一段时间内,Plug and Play 中国似乎远离了聚光灯……但就在这段时间内,Plug and Play 中国不断进行着反省和自我革新。除了留美的年轻英才们,许许多多来自世界 500 强公司和政府单位的行业精英们加入了年轻的 Plug and Play 中国。虽然也有过短暂的摩擦,但是留美的年轻英才们的硅谷经验及冒险精神,与 40 多岁的行业精英们的行业经验、管理经验等产生了良好的化学反应,Plug and Play 中国的转型也在这场融合中慢慢实现。

Plug and Play 中国的管理团队在与企业客户、创业者及中国政府的频繁沟通、交流和讨论的过程中,发现了以往被忽视的一些情况。

首先,Plug and Play 中国融入了众多垂直领域的创新生态系统,为不同类型和处于不同成长阶段的企业带来聚焦行业和趋势的洞见分享,受到了企业的欢迎。企业非常认可 Plug and Play 搭建发展的 10 余个垂直领域行业集群,在这样的网络结构下,企业客户既可以了解和学习自己所在行业正在萌芽和发展的新技术、新模式,同时也可以在其他行业的案例中获得跨界的启发。

其次,越来越多领先的中国企业开始关注创新和平台战略。随着近年来平台模式、平台战略的崛起和发展,越来越多领先的中国企业开始思考如何打造属于自己的平台。根据埃森哲公司的研究,平台按作用的不同可以被分为服务接入者、价值整合者及洞见提供者。虽然许多中国企业也立志成为像阿里巴巴、苹果、亚马逊这样的平台公司,但这样的想法目前依然因受限于自身能力而难以实现,需要外部资源为其提供洞见和服务。

在这样的基础上,越来越多的中国企业开始希望和初创企业形成合作,甚至对初创企业达成资本层面的兼并收购。正是出于这样的原因,这些企业也越来越偏向和外部的专业机构合作,通过它们的专业视角,寻找和探索具有潜力的初创企业帮助其打造平台,或者成为其平台上的重要服务和产品提供商。

再次,中国的企业客户和各地政府,都非常看重 Plug and Play 中国在全球创新网络方面的能力与知识积累。一方面,中国企业希望通过了解全球技术的创新趋势,使这些新技术赋能自己的发展战略;另一方面,许多追求卓越的中国地方政府在全球构建的知识网络不是那么齐备,人脉网络也不是那么完整,因此Plug and Play 中国背后的全球创新知识网络和人脉网络对于它们而言,具有非常大的吸引力。Plug and Play 中国管理团队也观察到,在过去的几年间,Plug and Play 硅谷总部平均每周都要接待来自不同行业的中国企业家代表团及各省市的政府参访团等,帮助他们了解、体会和洞察创新。

基于这些分析、观察和思考,Plug and Play 中国的管理团队决定在现有基础上,进一步引进或者发展更多的垂直领域,把行业网络搭建得更为完整。目前,Plug and Play 在中国已经拥有了品牌与零售、金融科技、保险科技、医疗与健康、移动出行等超过 10 个垂直领域。仅 2018 年这一年,Plug and Play 中国就培育和发展了 9 个垂直领域。

同时,Plug and Play 中国在积极引进具有行业背景的精英人才,立志于深耕行业。但是人才培养和发展毕竟需要时间,同时由于中国市场的多样性,所以即使是某一方面的行业专家,通常也难以面面俱到,样样精通。

在不断的思考、讨论和迭代中,Plug and Play 中国的"城市战略"也逐渐变得清晰起来……

城市战略与本土探索

2019 年 6 月，Plug and Play 中国与陆家嘴金融城、华润集团、上海地产（集团）有限公司签署协议，合作启动上海陆家嘴金融科技产业园项目，聚焦金融科技；

2019 年 8 月，Plug and Play 中国与上海汽车集团股份有限公司旗下的东华汽车实业有限公司签署协议，在南京共同打造聚焦移动出行领域的科技创新平台；

2019 年 9 月，Plug and Play 中国与中国建设银行联合运营的"创业者港湾"创新孵化基地在深圳正式揭幕，聚焦金融科技；

2019 年 10 月，Plug and Play 中国与人保集团旗下人保金融服务有限公司签约，在北京共建保险科技孵化器"保创空间"；

2019 年 11 月，Plug and Play 中国与中国金茂控股集团有限公司签约，建设地产科技新生态；

……

当 Plug and Play 中国再次回到聚光灯下的时候，我们已经清晰地看到 Plug and Play 中国对城市战略的坚定执行。Plug and Play 中国开始探求和寻找与国内某个行业的龙头企业合作，在具有行业基础的特定区域，深耕细作地为龙头企业提供综合创新服务，帮助其构建创新平台，形成龙头企业、地方政府及创业公司多方共赢的局面。

如果站在某个区域的角度，Plug and Play 中国是一个扎根当地的垂直领域专家;但站在整个中国的角度,各个不同区域的不同垂直领域的组合,又使得 Plug and Play 中国具备了行业多样性。

Plug and Play 中国的管理团队在接受我采访的时候表示,其城市战略是受到 Plug and Play 在全球发展模式的启发:比如,在法国和巴黎老佛爷百货合作,聚焦零售与电子商务;比如,在德国斯图加特与戴姆勒合作,聚焦汽车和移动出行;又比如,在阿联酋的阿布扎比和阿布扎比国际金融中心(Abu Dhabi Global Market, ADGM)合作,聚焦金融科技等。

同时,综合我的观察和研究来看,经过留美年轻精英与行业资深专家、硅谷模式与中国市场的冲突和磨合,Plug and Play 中国在演化中已经具备多样性的特征,并且在此过程中不断思考和建立 Plug and Play 中国自身的竞争优势,在此基础上给予日益增长的中国本土客户更有价值的产品和服务。

综合美国在创新领域的主流媒体的排名,Plug and Play 常常被评为"活跃的天使和种子轮投资机构"等榜单的前 10 名。如果说到孵化器,榜单前 10 名多是我们耳熟能详的 Y Combinator、TechStars、500 Startups 等,Plug and Play 在孵化器业内似乎更为低调。但在中国市场:Y Combinator 在 2018 年进入中国,但在 2019 年又退出;TechStars 于 2016 年进入中国,500 Startups 更是早在 2013 年就进驻中国,但它们至今仍默默无闻;倒是 Plug and Play 竖起了孵化器、加速器的大旗,一步一步在中国发展和壮大。

如果再把视野放宽、把时间拉长,我们可以列出更长的名单:百思买、eBay、优步、亚马逊……名单上的公司在美国市场风驰电掣,但是在中国市场却磕磕绊绊,许多还已经退出了中国市场……

Plug and Play 中国的管理团队在访谈中也提到,Plug and Play 创始人 Amidi 兄弟对中国的管理团队非常信任,同时硅谷及其他区域的团队也非常愿意给予中国团队以支持。过去几年,Plug and Play 在中国加速实现了全面的本土化,同时保持了来自美国硅谷的基因和风格,形成了非常典型的"Glocal('全球的 global'与'本地的 local'两个单词的合体)"模式。曾经接受我访问并被编写成案例的 Flipboard(红板报)在中国的实践,几乎采取了一样的"总部授权,全球协同支持"模式。

这个模式,是否是破解全球化和本土化之间矛盾的良方呢?

如果比较 Plug and Play 中国和它的硅谷伙伴们,它在中国的本土化无疑是做得最为成功的。如果比较 Plug and Play 中国和它的中国竞争对手们,它又凸显出拥有完整的全球知识网络的优势及迷人的硅谷范儿。它是矛盾的、多样的,也是不断在演化和发展的。可以预想到的是,在 Plug and Play 中国城市战略的发展过程中,人才储备、组织能力、区域和垂直领域矩阵结构的协同和平衡……Plug and Play 中国一定还会面临许多许多的问题,在前方一切都是未知的。

不断地解决问题,不断用新的方式解决问题,不断在解决问题的过程中随着环境的变化而演化发展,这不就是企业实践开放式创新所希望达到的状态吗?这不就是我们所说的企业家精神吗?

罗振宇 2020 年跨年演讲中的一句话特别打动我,也许这句话很适合出现在 Plug and Play 中国案例的结尾,为 Plug and Play 中国的案例画上一个未完待续的标点——"一个做事的人,不是在解决一个个想象中的问题,而是在回应一个个真实世界的挑战。躬身入局,让自己成为一个解决问题的变量!"

中关村创业大街：大企业和初创企业相会在北京

2020 年 1 月，北京，中关村创业大街。

我和安东约在中关村创业大街见面，还是那家咖啡店。几年之前，他在这里和伙伴们一起创业，后来公司业务扩张，员工人数渐长，他就搬去了不远处的中关村理想国际大厦。但尽管如此，他还是会时不时回来走走，和老朋友约在熟悉的咖啡店见面。

安东和我聊起，前几天他在中关村创业大街和一家领先的德国工业企业进行了业务洽谈，很有可能进入这家德国工业企业的全球供应商体系，我们的话题于是慢慢聚焦咖啡店所在的中关村创业大街。我还依稀记得 2014 年 6 月中关村创业大街开街的日子，安东笑了笑，他把我的思绪带回到 10 年之前……

10 年之前，10 年之后

10 年之前，安东还在北京大学念书，他是一个技术宅男，是捧着《硅谷传奇 101》会激动不已的那种技术宅男。

在他印象中,他的青春很大一部分和一个地方紧紧相连,那个地方就是他常去的海淀图书城。那时候,安东时不时跑第三极书局,然后找个地儿看书。累了就换个地方,反正昊海楼那里有许许多多的书店。从考试资料、经典典籍到各个专业的参考书,这些书店应有尽有。有时候,安东还会遇见学校的老师,或是隔壁学校的"大牛"。

毕业后,安东就出国了。如他所愿,他去了硅谷所在的加利福尼亚州。

10 年之后,师兄叫安东回北京创业,可那个安东最熟悉的海淀图书城已经不复存在,那时候这片地方已经改叫中关村创业大街。他有些伤感,但是更多了几分欣喜。

安东说,他的青春好像一直就在这里,从海淀图书城到中关村创业大街。

从创业者咖啡店到创新生态高地

海淀桥、苏州街一带,到 2014 年已经聚集了许多中国著名的互联网公司,比如新浪、腾讯等,附近又有北京大学、清华大学等知名学府。早期入驻中关村创业大街的车库咖啡等,起到了共享空间的作用,中关村创业大街也开始与创业联系在一起。

许多大学生自豪于自己身上那"数字游民(Digital Nomad)"的标签,带上笔记本电脑,就可以在车库咖啡内工作一天。有时候大家交流顺畅,说不定一家新公司就诞生了。随着数字游民越来越多,众多的创业咖啡在中关村创业大街蓬勃发展,各类聚会、讲座、产品发布会在中关村创业大街层出不穷。

昂扬向上的创业激情及许多创新公司的诞生,吸引了许多大企业的关注。中关村创业大街负责国际业务、大企业创新业务的总监栾天先生在接受访谈时提到,2017 年 6 月,高盛、戴姆勒、大众汽车、DHL(全球领先的物流公司)等 18 家全球 500 强企业的 CEO 来到中关村创业大街,与青年创业者们进行对话和交流。此时,众多法律、财税等专业服务机构及投资基金、天使投资人也早已进驻中关村创业大街。

2019 年,中关村创业大街提出了 3.0 时代的构想。中关村创业大街总经理聂丽霞女士介绍说,在 3.0 时代,创新生态是使"创业团队、领军企业、孵化机构、专业服务机构、投资机构、高校院所、政府机构等多元创新主体,相互联系、相互合作的生态"。在 2019 年 6 月,中关村融创企业开放创新促进会正式成立,联想、中国联通、法国电信公司、西班牙电信公司等 31 家全球知名企业和机构纷纷加入。促进大企业的开放创新,加速创新创业与产业应用的结合,成为中关村创业大街的又一个标签。

大企业和初创企业相会在北京的升级版本

在中关村创业大街,大企业和初创企业在开放式创新方面的探索开始于 2015 年,当时英特尔创新加速器启动与中关村创业大街的合作,以此连接初创企业。而在 2017 年,18 家全球 500 强企业的 CEO 来到中关村创业大街和青年创业者座谈之后,大企业和初创企业的合作在中关村创业大街更加红红火火地展开。

在大企业、初创企业及中关村创业大街的共同探索下,中关村创业大街的开放式创新实践不断在迭代升级。从初期的"思维碰撞""项目合作"到后期的"创新中心",中关村创业大街的开放式创新实践呈现出多个版本"多浪共存"的景象。

版本 1.0,思维碰撞。在最早的阶段,大企业的高管来访中关村创业大街,和中关村创业大街的青年创业者们进行沟通和交流,主要是为了了解北京甚至中国创新创业的政策及发展状况。在这个阶段,大企业更多希望通过了解中国的创新状况,思考促进企业自身转型升级的方法。而创业者们也有机会接触许多国际大企业的高层,并与之进行探讨和交流。

虽然双方后续业务交流及合作机会不多,但是这个阶段的中关村创业大街依然很好地增进了大企业和创业者的相互了解,为双方后续的项目合作奠定了基础。

版本 2.0,项目合作。随着不断转型升级,许多大企业也逐渐意识到自己在创新速度、跨界创新等方面可能存在短板,需要借助外力来推动自身的进一步发展。在这个阶段,许多大企业带着自己的需求来到中关村创业大街,希望找到新的合作伙伴。随着合作的深入,大企业的需求也越来越详细,越来越清晰。

例如,中钢集团安徽天源科技股份有限公司是中国中钢集团有限公司控股的上市公司,是中国中钢集团有限公司旗下新材料的整合平台。中关村创业大街针对其提出的 3 项创新需求,搜寻了 120 余个关联项目,进行了 300 余次电话访谈,最终选出最契合的 8 个创新项目,并组织了对接活动。

在这个阶段,许多中关村创业大街的创新企业通过和大企业的项目合作实现了自身的发展,中关村创业大街也进一步聚拢了更多创新合作伙伴、专业服务机构。与此同时,许多国际创新创业公司要进入中国,都把中关村创业大街当作了第一站。中关村创业大街的国际化合作,也渐渐蓬勃发展起来。

版本 3.0,创新中心。随着项目合作的深入,许多大企业意识到:公司内部的创新人才需要和创新生态系统有更为密切的联系,及时了解市场动态和技术演化趋势;不同企业之间的跨界交流和融合对公司的创新发展来说也非常重要。于是从 2018 年开始,许多大企业例如中国中钢集团有限公司、百度、中国东方电气集团有限公司、法国电力集团等都在中关村创业大街落成了创新中心。

同时,许多公司逐渐意识到,实施开放式创新,是推动产业创新落地的重要途径。例如,中国中钢集团有限公司下属的中钢科技发展有限公司,就和中关村创业大街联合建立新材料产业创新中心。该创新中心将综合发挥中钢科技发展有限公司的创新资源与基金优势,和中关村创业大街的创新资源,推动产业创新升级,推动新材料等领域的创新成果转化。

回到咖啡店,安东的电话响了,明天他还要和一家央企沟通创新项目在河北的落地。我和他匆匆话别,看着他的身影消失在中关村创业大街的尽头。

从海淀图书城到中关村创业大街,这条长 200 多米的大街,一直和年轻人的朝气蓬勃及对未知的探索密切相连。如今,许许多多企业也开始意识到和外部创新生态系统连接的重要性。面对剧烈变化的竞争环境,许多大企业面临创新成本高昂等问题,而许多创新企业则可以将大企业的创新需求落地实践,它们彼此之间需要一座桥梁。

在这个过程中,以中关村创业大街为代表的创新生态系统扮演了重要的角色,它不是某个机构、某个部门的规划,而是在创新发展的过程中、在咖啡店的畅谈中、在谈判桌的恳谈中,不断演化发展而来的。它的不断优化和迭代,也让大企业和初创企业的开放式创新突破了这条街的地理界限,在北京乃至全国奏出创新乐章。

第六章

开放式创新的
实践框架

开放式创新为何知易行难？

在前面的几个章节中，我们通过多家企业和机构的案例，展现了开放式创新在中国的实践。回到最初的问题，企业应该如何实践开放式创新？或者说从哪里可以找到一套方法论或者流程，让企业可以学习参照，最后成功地进行开放式创新？

从个人的实践及我和同行的交流中，我发现，面对内外部环境的变化及媒体的渲染，许多企业管理者往往会出现深深的焦虑和矛盾：既担忧自身的业务无法健康发展，乃至面临生死考验，又羡慕那些明星企业一飞冲天。但是谈到变革，许多企业管理者、经营者们又如履薄冰，怨天尤人：外部环境不断变化，内部组织缺少人才，没有将才……

幸好，"创新"如同天赐的宝物一样。于是从跨国大企业到无数中小型企业，从企业经营者、管理者到基层的工作人员，大家都在讲创新、谈创新、不断实践创新。几年之后，有无数人起高楼，但也有无数人楼塌了，更有无数人原地踏步。

战略规划、创新管理与开放式创新

创新,尤其是开放式创新,其实并不像大家想象的那么简单。传统的经营管理,特别是在战略规划、营销管理等领域,已经积累了比较成熟的经验,建立了比较完善的体系。但是创新管理或是开放式创新,目前还更多处于"干中学"的摸索阶段:有许多实践开放式创新的企业"出道即巅峰",受到万人追捧,但是不久之后就有可能成为又一个不幸的失败者;也有许多企业的开放式创新实践"曲径通幽",很长时间不见成效,突然之间"柳暗花明又一村",成为推动企业发展的重要引擎。

下面我通过几个案例,来为大家说明创新乃至开放式创新的难点。

案例一:战略规划

A 公司每年 ·度的战略规划季即将开始,战略总监 M 先生又进入一年中最为忙碌的季节。"季"这一说法并不夸张,因为整个战略规划流程将历时约三个月。

但幸好,A 公司已经积累了许多的经验,形成了一套成熟的范式和流程:

首先,战略部门牵头,业务部门提供数据,二者共同完成资料和信息的收集。战略部门的分析师们借用各种战略工具,基于一张又一张的表格,描述市场,讲述机会和风险,最后提出战略构想。

其次,战略部门和业务部门通力合作,共同讨论和研究战略构想,并不断对战略构想进行修正,形成长长的文件,来阐述之后几年的发展规划、优先任务、组织设置和资源分配计划。

最后,在战略规划会议上,业务部门唇枪舌剑,描述自己这个业务部门光明的未来,CEO当机立断,定方向、定目标、定优先级,战略规划季圆满结束。

M先生松了一口气,然后轻声自言自语:"估计明年又要做偏差分析,来解释实际达成与目标之间差距的原因了。"

案例二:创新管理

2009年,谷歌的CEO埃里克·施密特(Eric Schmidt)联系了斯坦福大学的教授塞巴斯蒂安·特隆(Sebastian Thrun),希望后者能够帮助谷歌创立一个实验室,专注于长期的技术项目,这个实验室就是之后著名的、神秘的谷歌 X。而这个实验室的首个项目,就是谷歌眼镜。谷歌眼镜项目的研发团队包括谷歌最资深的研究员和工程师:阿斯特罗·泰勒(Astro Teller)是可穿戴设备领域的专家,巴拉克·帕尔维兹(Barak Parviz)则在隐形眼镜集成数字显示屏领域颇有建树。在项目初期,工程师们对谷歌眼镜的定位无法达成一致,而谷歌的创始人谢尔盖·布林(Sergey Brin)则认为,当谷歌眼镜推出之后,用户自然会做出选择,然后谷歌将根据用户反馈进行产品迭代。

2012年,布林在谷歌 I/O 开发者大会上展示了谷歌眼镜的原型产品。喝彩声接踵而至,《时代》杂志将谷歌眼镜评为2012年的最佳创新之一。蒂姆·奥莱利(Tim O'Reilly)在 Twitter 上表示:"我怀疑,谷歌眼镜可能会是超越 iPhone 的技术的里程碑。"

但是当2013年谷歌眼镜进入销售市场之后,产品失去了用户的注意力,在很多领域都面临挑战,甚至由于由过于强大的拍照、摄像和在线搜索功能带来的公众隐私的泄露和其他各种安全威胁,被禁止进入某些公共场合。

2015 年,谷歌眼镜从谷歌 X"毕业",在公司成立单独的团队。谷歌眼镜逐渐转型为面向企业的工具,2017 年推出企业版谷歌眼镜。之后,谷歌眼镜的声量逐渐变小,这款被寄予厚望的移动互联网时代的宠儿,渐渐远离了人们的视野。

案例三:开放式创新

《赫芬顿邮报》从 2005 年创始开始,就一反传统媒体常态,采取了"分布式新闻"的模式。《赫芬顿邮报》不仅鼓励众多草根媒体人在其平台上发表文章,同时邀请美国的政治家、娱乐明星、科学家等,在平台上撰写原创文章或者评论文章。

凭借这些 UGC(用户生成内容),2006 年《赫芬顿邮报》获得了软银 500 万美元的投资。在 2008 年美国大选的过程中,《赫芬顿邮报》推出了"off the bus"项目,催生出"分布式新闻",即将采访任务分配给 50~100 位"公民记者",每人每天用一小时,就能完成一名传统记者两个月才能完成的工作量。美国互联网统计公司 comScore 的数据显示,2008 年《赫芬顿邮报》每月独立用户访问量突破了 500 万。《赫芬顿邮报》一路高歌猛进,2011 年其独立用户访问量已经突破了 2500 万,风头一度盖过了《纽约时报》网站。之后,《赫芬顿邮报》招聘明星记者——包括赢得普利策奖的著名记者大卫·伍德(David Wood),在全美各地建立记者站,被美国在线科技有限公司以 3.15 亿美元收购后,其扩张的步伐越来越快。

但是《赫芬顿邮报》在 2016 年美国大选期间的表现令人大失所望,其创始人阿里安娜·赫芬顿(Arianna Huffington)女士也于当年离职。到 2018 年,《赫芬顿邮报》宣布终止运营其自媒体撰稿平台,转而推出两个由编辑主导的内容产品,于是许多明星记者也离开了……

从以上案例中,我们可以看到相比常规的战略规划、经营管理,创新管理和开放式创新实践的复杂之处。如果说常规的经营管理已经有成熟的理论、路径,甚至是流程,那么创新则基本是在"干中学"。

但无法回避的是,即使困难,企业的管理者和经营者也必须在创新管理和开放式创新领域进行艰难的探索,在摸索中前行。因为经营管理的外部环境已经发生了巨大变化,用近年来在国内创新研究中比较流行说法来说,那就是:企业的经营管理已经从机械物理时代,逐渐转变为量子科学时代。

在机械物理时代,经营管理的基石假设是,认知是客观的,执行的过程是可以被预先计划的,执行的结果是可以被控制和管理的。基于这个基石假设,经营管理可以被分割成各个部分,包括收集信息、研究分析、战略构想、资源调配、战略实施等,整个链条在逻辑上可以自洽,前端的研究分析和中端的执行,是必然可以推导出符合预期的结果的。

但是量子科学时代经营管理的基石假设是,外部世界并不是可预测、可控制、确定的,而是不可预测、不可控、不确定的,甚至会呈现出既可能这样也可能那样的叠加状态,我们的行动和参与会决定外部世界到底呈现怎样的状态。同时,事物之间现行的、简单的因果关系不再永远成立。如同量子纠缠那般,有些隐含的秩序我们至今无法挖掘。

量子科学时代的经营管理理论正在逐步完善之中,但是研究者和实践者们已经形成一点共识,那就是我们需要更为积极地关注即时的市场和用户的反馈,快速应对,并在一个一个决策中积累知识,持续学习,为下一个决策做好积极的准备。

量子科学时代：VUCA 和敏捷

为何许多企业要花费大量时间、人力、物力，用那些被无数表格图片堆积起巨大篇幅的分析文稿，来预测未来的发展？因为在机械物理时代，商业世界似乎是一台结构复杂而又精密的机器，但却是具有确定性和因果联系的。所以当投入大量的资源对商业世界进行分析时，机器的内部机理是可以被解析的，未来趋势也是可以被预知的，企业从而可以采取行动，应对和掌控未来的变化。

这样的管理科学一直延续至今。随着信息技术的发展，情景分析、概率模型、敏感性分析等工具层出不穷，数据的可获得性和颗粒度（指数据的细化程度）得到了提升，更有"灰犀牛"和"黑天鹅"可以"兜底"，解释一切无法解释的现象，那些建立在分析和预测上的商业决策呈现出无往不胜的状态。

但真实的情况是，绝大多数企业在绝大多数情况下经营决策的效率非但没有提升，反而是下降的。市场的变化往往让管理者和经营者猝不及防。同时，研究者们也开始反思，基于过去的历史数据，是否可以预测未来？

社会科学研究领域的种种难题，比如商业决策，最后又直接或间接地依靠对基础自然科学的探索来解决。过去几年，国内开始接触并了解"量子力学"，许多科技工作者和科普作家成为企业家的座上宾，"量子纠缠""双缝实验"等也被许多企业经营者和管理者津津乐道。

最新的物理学的进展带给思维的冲击是巨大的，因为过往的商业决策一直基于确定的底层逻辑，但是量子力学的研究结果却告诉我们，世界处于"既可能这样，也可能那样"的不确定状态中，作为参与者、观察者，我们的行为本身会直接影响最后的结果。此外，在以往的经济和管理模型中，人一直作为不重要的假设要素而存在，但是近年来随着行为经济学等学科的逐渐发展，人们发现人的行为会对结果产生重要的影响，或者加剧震荡的幅度。

在这样的背景下，VUCA 和敏捷成为商业经营研究中的热门话题，众多研究者和实践者也接受了这样的观点，即企业的外部环境处于快速变化之中，企业需要以不同以往的形式，去面对变革的时代。

VUCA：20 世纪 90 年代，美国陆军军事学院的军事学家们提出了现代战争的 4 个特征，即 volatile（动荡）、uncertain（不确定）、complex（复杂）和 ambiguous（模糊）。后来宝洁公司的 CEO 官麦睿博（Robert A. McDonald）借用这一术语来描述当代的商业世界，他的说法逐渐被企业界所接受。2013 年，时任罗兰贝格全球 CEO 的常博逸（Charles-Edouard Bouée）先生基于 VUCA 的理念，出版了著作《轻足迹管理：变革时代的领导力》，他在书中提出，领导者要更加灵活地面对复杂的经济变化，迅速做出应对，并建议企业通过灵活的合作形式，加强自动化与创新。2019 年，常博逸先生基于罗兰贝格在全球的实践和研究，联合罗兰贝格其他的高级合伙人出版了著作 Re-Entrepreneuring（我暂且将之译为《唤醒企业家精神》），提出要将最初的企业家精神重新注入企业之中，对企业进行重新的构建，以使企业更好地面对快速变化的外部环境。

敏捷：2001 年 2 月，诸多软件开发专家在美国犹他州的雪鸟滑雪场举行了一次聚会，他们在这次聚会上提出了"敏捷（Agile）"这个概念，并共同签署了《敏捷宣言》（Manifesto for Agile Software Development）。之后敏捷这一理念在科技企业内部长期流行并被许多企业采用。2010 年之后，《哈佛商业评论》对高科技企业的成功案例进行了诸多报道，敏捷管理也走进大众视野。之后麦肯锡在公司内部组建了由 50 多位全球顾问组成的麦肯锡敏捷部落（McKinsey Agile Tribe），并将敏捷的适用范围从项目管理拓展到了战略、组织、流程、人员等多个领域。但是从工业领域的实践来看，敏捷团队很难描述未来可能发生的变化，也很难像传统项目管理团队那样给出详细计划，这给项目管理层及领导层对项目的管控带来了极大的挑战。

更为复杂的"开放式创新"

相比较传统的管理,创新是一个更为复杂的体系。从弗雷德里克·温斯洛·泰勒(F. W. Taylor)在 1911 年出版《科学管理原理》之后,创新的理念演化至今已经百余年。

在管理学的发展历程中,不仅有彼得·德鲁克、彼得·圣吉、迈克尔·波特、亨利·明茨伯格、菲利普·科特勒、威廉·爱德华兹·戴明等管理学大师薪火相传,还有亨利·福特、山姆·沃尔顿、阿尔弗雷德·斯隆、路易斯·郭士纳、杰克·韦尔奇、比尔·盖茨、史蒂夫·乔布斯、盛田昭夫、稻盛和夫、阿曼西奥·奥特加、杰夫·贝佐斯等商业巨擘不断进行改革和实践,再加上众多享誉全球的大学、商学院、研究机构、智库及麦肯锡、波士顿咨询公司、贝恩咨询公司、罗兰贝格等咨询公司的不断研究、贡献,管理科学日益精进。

但是关于创新:学术界似乎只有约瑟夫·熊彼特和在 2020 年离我们远去的克莱顿·克里斯坦森可以被称为大师和灯塔;在企业界,大家依然在追忆史蒂夫·乔布斯,在等待第二个乔布斯早日到来;同时,众多的大学和商学院翻来覆去地讲苹果的案例,近几年才开始讲亚马逊、微信和小米的案例。当然近年来,许多研究者在各自的领域也做出了许多积极的尝试并取得了一定的进展,例如亨利教授提出了"开放式创新"的理论,李善友教授总结提炼出"第二曲线创新"的理论等。

进一步来说,开放式创新提出,要打破企业的边界,让外部力量进入企业的创新前端和创新后端,这无疑进一步加大了企业实际操作的难度。我们可以看到,相比较传统的管理,创新要难得多,开放式创新更是难上加难。所以我认为,"创新"看起来是可以解决企业问题的一剂良药,但不是特效药,创新的难度比常规的经营管理难度更大。

作为一名开放式创新的观察者和研究者,经过案例研究、项目探索及访谈交流,我总结归纳出一些在开放式创新方面做得较为成功的企业的共同经验,供诸位读者朋友学习、借鉴,并在此基础上,与诸位读者朋友共同讨论。在之后的几节中,我将对这些经验展开论述。

我认为,企业的开放式创新实践可以通过以下五个进阶步骤展开,这五个步骤分别是:创新之旅、观察前哨、外部合作、内部孵化、战略投入。

	创新之旅	观察前哨	外部合作	内部孵化	战略投入
期望目标	了解行业内或其他行业的最新创新实践,启迪领导团队的创新思维,激发思考	持续观察行业内或者与公司战略发展重点相符合的创新领域,学习并了解最新进展	通过与外部机构的合作,共同探索创新模式、创新技术与公司现有业务产品的结合点	鼓励员工与外部机构合作,将新模式、新技术与公司业务结合,快速落地产品与服务	契合公司战略发展重点,并对那些被证明可以是落地的技术或模式进行战略投入,包括成立部门、进行兼并收购等
具体措施	访谈、拜访、学习等	定期研究报告、管理层汇报等	项目合作、孵化加速项目等	内部孵化器、独立的创新部门等	成立新的创新部门或业务部门,进行兼并收购等
参与部门	人力资源部、市场部、外部创新机构	市场部、战略部、外部创新机构	研发部、战略部、外部创新机构	研发部、独立的创新部门、外部创新机构	公司最高管理层、战略部、投资部
公司获益	激发管理层和团队思考	了解创新模式/技术等	寻找与公司业务的契合点	探求落地产品、服务	打造面向未来的战略增长点

▲ 开放式创新的五个进阶步骤

同时,公司还需要做好以下四个方面,分别是:构建开放式创新文化,打造和发展创新组织,获取内部支持快速起步及试错、探索与重构。许多成功实践开放式创新的企业,不一定在这四个方面都做到完美,但至少在某个方面做到了出类拔萃。

开放式创新知易行难,因为开放式创新还处在"干中学"的阶段,需要在实践中积累经验。那企业实践开放式创新可以通过哪五个步骤逐步进阶呢? 各个阶段又有哪些需要注意的点呢? 下面,我们的观察继续……

开放式创新的五个进阶步骤

在 2020 年春节期间，我重读了诺贝尔文学奖得主，法国作家阿尔贝·加缪的《鼠疫》，发现了一个之前没有注意到的细节。

格朗是在市政厅工作的小小办事员，他一直有个文学梦，想写一篇小说，但是他的创作几十年来一直停步于小说的第一句话。他总是觉得有些措辞不是那么合适，不是那么准确，于是改了又改。后来，他不幸患上鼠疫，在以为自己快要死的时候，他让伙伴烧掉他的手稿，那份几十年来改了又改的小说的第一句话。

掩卷长思，我觉得此情此景，像极了许多企业的经营者和管理者的所作所为。他们希望寻求突破，希望在创新领域进行探索，但是却往往不能如愿。从主观上来说，他们希望面面俱到、精准布局、力求完美，但这往往很难做到。从客观上来说，绝大部分咨询公司、研究机构的报告都洋洋洒洒，从战略、组织、人力资源、领导力等多个角度阐述创新的"十个注意""八大方法"，但如果企业按照这些报告所言进行创新，那无一不得伤筋动骨。即使企业的领导者有大勇气、大智慧，但在缺乏论证及可行性分析的情况下大动干戈，也是极为困难的事情。

当然，一直袖手旁观的研究者们可以说这是领导者们缺乏"战略眼光""大局观"和"创新意识"的表现，但是我认为，这些研究者纯粹是站着说话不腰疼。我们可以想象,如果企业管理者在研究者们的论断的基础上积极行动,又偏偏失败,那么一定会被研究者们诟病"方向正确,执行不到位"。直到我读到纳西姆·塔勒布的新书 *Skin in the Game*（万维钢先生将其翻译为《利益攸关》）,我才明白,研究者们的行为是典型的、没有利益纠葛情况下的关心,套用万维钢老师的解读,这些报告都是研究者们"自说自话,跟真实世界没有利益纠葛",这些研究者们"生活在虚拟的现实之中,并没有做到脚踏实地"。

那怎样才是实践"开放式创新"的正确姿势呢？我认为,可以从一些小事、小项目开始——开放式创新可以从一次拜访、一次旅行、一次交流谈话开始——然后逐步拓展,"小步快跑",快速迭代。

创新之旅

欧洲领先的工业企业 A 公司的开放式创新实践,就来源于一次拜访。

当时 A 公司在中国区的管理层刚刚和京东签订了战略合作协议,目标是在 3 年内减少至少 10％的物流费用。A 公司的全球总部对这次合作将信将疑,因为京东对 A 公司的管理层来说是非常陌生的名字,A 公司长期以来和欧洲许多物流公司进行合作,彼此有着很深的了解。

在 A 公司全球 CEO 来中国拜访重要客户之时,A 公司的中国区总裁就安排全球 CEO 参观访问了京东位于上海嘉定的"亚洲一号"物流中心。面对托盘立体仓库及"无人仓",全球 CEO 的态度发生了重大改变,从一开始的悠闲放松到后来的不停提问,甚至做记录。参观访问结束之后,全球 CEO 当即决定 3 个月之后要再次访问中国,这次他希望结合 A 公司的战略发展重点方向,了解在各个领域领先的中国企业。

3 个月后,A 公司的全球 CEO 及两位分别负责管理战略和研发的全球高级副总裁来到中国,他们的行程总共有 3 天:其中前两天都在参观访问中国的创新企业并与创新企业的管理层进行交流,甚至连午餐、晚餐时间都安排了闭门的座谈;最后一天,A 公司全球 CEO 和中国区的管理团队进行了 3 小时的讨论,最后决定在中国试点开展 3 个创新方向的项目,并指示全球高级副总裁将创新实践拓展到欧洲。

通过这次创新之旅,A 公司总部的管理层甚至是一把手,可以切实感受到创新的模式和产品带来的体验。在拜访许多跨行业的创新企业时,往往会在轻松的环境中,与创新企业管理层产生思维的碰撞和创意的火花。有了这样的经历,之后 A 公司在企业内部驱动开放式创新实践时,便会比较容易取得更多的支持、关注和资源。

创新之旅能否成功,关键要看合作的对象。最佳的选择是那些已经与公司产生合作,并且在创新领域做得不错的企业。许多公司,特别是外企,提到参观访问创新企业,就会想到 BAT,想到华为。但即使在参观访问 BAT 和华为,公司管理层受到深深的触动后,企业在开放式创新实践中也往往磕磕绊绊。公司往往还没有到与 BAT、华为平等合作的段位,但是与之相匹配的创新公司,公司领导人——特别是外资公司领导人——又看不上。然后……许多情况下就没有然后了……

观察前哨

B 公司是一家总部位于美国的中型生物医药公司,该公司的中国区主要承担销售及部分测试工作。中国区许多年轻的科学家希望承担更多更重要的任务。在平时的沟通交流过程中,他们对大数据、物联网、云计算等热门话题有一定了解,也了解许多中国企业在这些领域都处于领先地位,他们希望探索这些领先的创新企业的技术与公司业务的结合点。但是他们面对的首要问题是,他们自身对这些技术及市场应用的了解还非常有限。

　　经过和中国区研发总监的沟通，公司安排了几位来自著名高校的实习生进行资料的收集和研究。同时，公司与外部创新机构合作，使公司的科学家们每个月可以和 5 家创新企业进行沟通和交流，这些企业所在的领域都是 B 公司中国区的科学家们重点关注并希望学习了解的。

　　之后的每个月，这些年轻的科学家们都会定期聚在一起，阅读和学习研究报告，同时分享和创新企业沟通的感受，并且思考如何将这些新技术和企业研发的内容进行有效衔接。

　　经过年轻科学家们的努力，他们发现通过某项人工智能的技术，有可能会将现有的检测效率提升 14％。经过反复实验，他们最终完成了详细的调研报告，并向中国区及全球研发总部的领导们做了汇报。最终，这个创新项目的研发任务在中国区落地。

　　通过观察前哨，企业可以了解创新模式及创新产品的应用，特别那些跨行业的应用。最初企业对创新模式及创新产品的兴趣可以较为广泛，但是这种兴趣之后一定要被迅速收敛，开放式创新的实践者需要将关注点集中在重点产品、重点模式上，继而进行长时间的深入研究，并在此基础上寻找这些产品和模式与自身业务的结合点。

　　对于"观察前哨"而言，外部创新机构的选择是其中的关键因素。因为在初期，公司一般不具有这方面的研究能力和资源，所以一定需要依靠外部的力量。最佳的状态，是选择已经较为成熟的外部机构——例如加速器、孵化器等——进行合作。而合作的内容，一定是跨行业的创新的模式及产品。因为在公司所在的领域内，外部创新机构大概率不会带来多深刻的洞见，但却可以提供跨行业、多维度的信息，提供更为广阔的视角。这份"外部视角"或者"跨行业视角"，是公司进行开放式创新的初始阶段所特别需要的。

外部合作

如果说在"创新之旅"和"观察前哨"两个步骤中,企业更多是停留在研究、学习、启迪的阶段,那到了"外部合作"这一步,企业就是在探求新的产品、模式和公司业务的契合点。

欧洲的环境保护企业 C 公司在中国的研发部门下设科技创新办公室,该部门在设立之初,更多是通过和中国的高校、研究机构沟通和联系,寻找解决方案。在 2015 年之后,科技创新办公室也承担了和外部的初创企业合作的任务。科技创新办公室的经理每个月都会参加研发部门管理层的例会,并通过这个平台了解各个部门正在进行的研究及中国研发部门的研发重点。之后,科技创新办公室会安排人手,使其针对这些业务部门重点关注和研究的内容,搜寻具有潜力的技术,特别是来自初创公司的技术。

经过沟通和协调,初创企业和公司研发部门的项目小组会进行面对面的沟通,一起讨论技术,商讨合作的可能性。一旦双方有意向合作,科技创新办公室就会承担项目管理的工作,从前期的文件准备、管理层报备批准,到中期的信息共享、明晰双方的开发流程等,科技创新办公室会一力承担,确保双方基于共同的目标进行研究,直至最终完成原型产品。在原型产品完成之后,科技创新办公室还会听取项目小组的意见,以确定下一步的合作意向和具体措施等。

通过外部合作,企业可以在短时间内用较低的成本了解创新模式及创新产品在自身业务中的应用,以实现产品的快速落地。

对于"外部合作"而言,内部的创新机构将会扮演最为重要的角色。创新机构将成为公司内部机构和外部创新企业沟通的桥梁,它既需要了解公司的重点业务领域及业务流程,同样需要了解外部创新企业的技术特点及合作期待,最终找到双方都满意的契合点,促成合作。当然,在合作过程中,创新机构也将扮演桥梁和翻译官的角色,将双方各自的需求以对方可以接受的方式进行传递,并尽量使之可以嵌入双方的流程,从而达成双赢的局面。

内部孵化

上文所述的"外部合作"更多像"推动",而"内部孵化"则更接近于"拉动"。"外部合作"更多是组织内部的创新机构,基于组织现有的需求,寻找合适的外部创新单位来进行匹配。而"内部孵化"更多是鼓励员工针对公司的战略重点,思考如何利用现有的技术、模式或者新技术、新模式,产生新的服务、产品。

D公司是北美的一家高科技企业,内部创业的文化和机制在组织内由来已久。公司的创新办公室每年都会根据公司的战略方向,向全公司进行创意征集。在收集了创意之后,创新办公室会邀请优秀的团队,介绍创新工具,帮助项目团队重新思考其创新意见,从而进一步打磨方案,同时邀请公司内部的领导层给予指导,帮助项目团队更为深刻地理解公司面临的挑战。

创新项目通过了第一轮的内部筛选之后,创新办公室就会将该项目纳入公司的创新池之中,根据入选项目的综合情况,寻找可以与之合作的外部创新企业和创新机构,使之与项目团队进行一对多、一对一的沟通。在之后的合作过程中,创新办公室会一直支持项目的发展,包括提供完善方案方面的指导及协调内部创新团队与外部创新团队的合作,使项目进入下一轮的内部筛选。

如果说"外部合作"更多针对已经确定创新方向的项目,"内部孵化"则是希望方案在起始阶段,就引入外部的创新合作伙伴,帮助公司内部的创新团队更加大胆和更具前瞻性地思考创新建议,从而在项目初始阶段就达成方案的创新性和可落地性之间的平衡。之后的内部和外部合作等,都是围绕着项目的快速落地展开的。

同样,在"内部孵化"阶段,内部的创新机构将会扮演最为重要的角色,将不仅扮演沟通桥梁的角色,还需要向前一步,承担创新教练或者是创新情报枢纽的角色,为内部的创新文化的构建,以及创新方案的发展,提供更具前瞻性的支持。

战略投入

只有将前面的诸多铺垫做足之后,公司的管理者和经营者才有信心对公司做出大胆的改革,甚至 all in(全押)创新领域。因为经过了之前的若干步骤,公司内部的创新部门及相关的研发、业务部门,已经对创新领域有了充分的认识、学习和了解,同时通过 PoC 等,已经部分掌握创新技术或模式和公司业务的契合点。在这样的背景下,领导层才有信心做出决策,其中包括成立新的创新部门或业务部门,独立设立子公司,甚至是开展兼并收购等。

这个阶段,则更多是公司常规的管理和经营操作的阶段。届时内部的创新团队会作为初始团队加入新组建的部门或子公司,开始将创新真正付诸产品和服务。

外部机构和内部能力的打造

从以上对各进阶步骤的介绍中,我们也可以发现,在实践开放式创新的初期,公司可以和外部创新机构合作,进行开放式创新的探索。外部机构的经验可以帮助公司省去许多初创时期的麻烦,同时,外部机构的网络也可以帮助企业在初始阶段,与外部创新企业建立联系。这些外部的创新机构包括但不限于高校、研究机构、咨询公司、加速器、孵化器、投资机构等。

在合作的初期,可以选择多个领域进行探索,但之后一定要将所关注的领域快速收敛,对重点领域进行深度挖掘,并且逐步培育和发展内部的创新力量。因为在之后的阶段,需要进一步加深对内部流程、产品及战略重心的理解和解读,这部分工作需要由内部的团队来完成。

这五个进阶步骤更多可以被看作是实践开放式创新的路线图,而在具体的实践过程中,还需要把握许多细节。我提出要做好四个方面,首先就是要构建开放式创新的文化。下面,我们的观察继续……

构建开放式创新文化

　　吴先生是一家企业的经营者,面对日益激烈的市场竞争,吴先生希望公司内的年轻人可以发挥创新潜力,开发出具有颠覆性的产品。小王是加入公司两年的年轻的项目经理,吴先生找到小王,希望他带领一支跨部门的团队,一起来攻坚。吴先生还群发了邮件,希望各个部门给予小王支持,并且将项目团队命名为"创新者一号"。

　　三个月以后,吴先生召集了"创新者一号"项目团队,让他们展示研究的成果。听完介绍后,吴先生大失所望,把项目团队劈头盖脸地骂了一通,说这些新产品根本没有让他"眼前一亮"。营销副总张先生在一旁说,以现有的开发费用来计算,产品的单价会很高,继续推进下去,即使有了新产品,也会影响公司的利润。

　　吴先生听完,默不作声,在会议结束之后找到了办公室主任和人事总监一起来商量,要高薪聘请外部专家来加盟团队,继续推进产品创新……

　　小王在会议结束后,晚上和MBA的同学聊了很久,他感慨道:成立跨部门团队,走流程就差不多两个礼拜;每周一次的项目研讨会,参会成员就没有到齐过;项目进展到一半的时候,两位技术高手还因为项目的目标进行了争执,小王好言相劝,最后请两人喝酒,才算让项目继续开展下去。和吴总汇报前的两个礼拜,为了打磨产品原型,大家几乎每天只睡四五小时,可吴总却还是不满意……

组织和文化上阻碍创新的绊脚石

琼·菲利普·德尚教授(Jean-Philippe Deschamps)是洛桑国际管理发展学院技术与创新管理专业的名誉教授,他曾经在《创新管理》(*Innovation Management*)上发表文章,阐述企业在组织和文化上对创新造成的阻碍,并将之归纳为"7个创新杀手":第一,对管理者过度施加压力;第二,试验和冒险的恐惧;第三,客户和用户导向不足;第四,创新重点的不确定性;第五,管理层缺乏耐心;第六,职能部门和区域分割;第七,刚性和过于刻板的环境。

看完这7条,相信很多读者朋友们,特别是许多创新的实践者们,都会面露笑意,同时又有很多无奈。

对于许多企业经营者和管理者来说,创新或者说开放式创新,就像张爱玲笔下的红玫瑰和白玫瑰。不在创新方面投入资源,就怕竞争对手先行一步,自己则不进则退丧失优势。而在创新方面投入资源,如果短时间没有什么成果,而且是显著成果,来自上层的批评声就会接踵而来。特别是在这几年,市场竞争日益激烈,企业的经营者和管理者几乎都忙于日常的业务,常常处于救火状态,根本没有时间来思考和开展创新。

此外,创新项目往往被当作一个跨部门的项目进行。这时候,传统的项目管理遇到的问题都会涌现,比如小王遇到的内部流程的问题等。此外,创新项目在一开始往往无法非常清晰地确定目标及需要投入的资源等,因此在常规的项目审批会上,创新团队往往会遇到更多的挑战。然后就是准备更多的材料、更多的PPT,以及召开更多的会议……

如果创新的脚步继续往前推进,如果创新项目需要整合更多公司的资源,如果创新团队要升格为新的业务部门,那就会触动组织的变化,影响在位者的利益,就可能会给公司带来血雨腥风,项目也会鸡飞蛋打。就拿这几年流行的"中台"概念来说,想做、在说、在做的企业成百上千,但是真正成功的,或者说取得阶段性成果的,寥寥无几。即使强大如阿里巴巴,共享业务事业部在 2009 年诞生之后的很长一段时间内,也受到天猫和淘宝两大事业部的挤压,几乎没有话语权。最后在时任阿里巴巴 CEO 的张勇的支持下,共享业务事业部进行了组织架构调整,才算有所起色。之后的几年,中台的建设也一直伴随着组织架构的调整,慢慢成长壮大。

开放式创新:一把手工程

我认为,在企业内部实践开放式创新,一定需要得到高层的支持,至少是研发部门或战略部门领导人的支持,才有可能自上而下成功推动。

在本节一开始的案例中,小王身为项目经理,却被很多同事认为是"制造问题的人":原先的项目正在忙碌进展中,小王却要来抽调项目中的人员;大家平时都忙于自己现有的工作,但是小王却总要来要数据、要材料……所以在项目一开始,小王几乎是要人没人、要数据没数据,即使后来拿到了一些资源,所有事情也都要亲力亲为,根本谈不上什么"协同效应""团队合作"。

许多读者朋友们可以发现,当变革来临的时候,即使领导者们进行了许多的宣讲和说明,但大部分员工,有时甚至许多高层管理者,都很难站在全局的高度上去和最高层的领导者们保持一致。特别是当这些变革和现有 KPI 有冲突的时候,那变革一定会遇到许多的挑战。

从组织变革的角度,有许多专家已经针对以上话题,进行了很多"组织惯性"方面的研究。其实归结到个人,我们每个人都很难走出思维惯性。诺贝尔经济学奖得主丹尼尔·卡尼曼曾经在其著作《思考,快与慢》中提到,人的思维可以被分为快系统和慢系统。其中快系统指的就是直觉,是指那些能够自动运作、迅速判断的思考系统。之后许多专家也对此做了更多深入的分析,其中比较能为大家所接受的观点是,在人类的进化过程中,大脑逐渐形成了简单处理与习惯性处理的思考方式,即用"节能"的方式来降低大脑的能耗,以保存更多的能量。

从这个角度来说,进行变革、创新,往往是领导层对惯性的打破,领导层逼迫着大家走出"舒适圈",推动着员工们自我反思,跳出思维惯性。所以,"解铃还须系铃人",当领导者选择了变革、选择了创新,之后也需要承担帮助员工跳出思维惯性的责任。

另外,我认为,如果期待变革和创新完全自下而上推动,那么创新团队将面临的问题是:各个实践者更多从自身的专业角度出发,所以往往是从"点"出发,无法连点成线、连线成面。因此从这个角度来说,创新也需要自上而下进行推动,不需要领导者事无巨细地管理,但一定要强力支持。

从案例中习得:领导层的鼎力支持

从前面几个章节的案例中,我们也可以看到诸多企业的最高领导层坚定支持并推动开放式创新的案例。

例如,在 2014 年,华为的创始人任正非先生就提出了"一杯咖啡吸收宇宙能量"的说法,即采取开放式创新——在坚持内部开发的同时,积极对外开放,广泛进行合作。现在华为已经和全球 200 多所大学的实验室、教授建立了合作,华为也要求公司的专家每年必须拿出 1/3 到 1/2 的时间到全球各地去喝咖啡。同时,华为还规定,每年要将 30％ 的研发经费投入基础研究,这条规定一直贯彻至今。

当 2019 年华为遭遇外部冲击的时候,任正非先生依然邀请了两位美国的专家来华为总部进行交流,并直播交流的全过程,这种交流为许多人津津乐道。这场对话的名字就叫作"A Coffee with Ren(与任正非的咖啡对话)"。

例如,冯氏集团主席冯国经博士,面对电子商务对集团业务的冲击,在内部的沟通过程中提出做利程坊的想法,并且尝试模拟真实的商场环境,进行全渠道试验,在试验中收集消费者的行为数据,从而更好地规划零售商在未来的转型之道。

之后,冯博士又给予利程坊的管理运营团队非常大的支持,利程坊每个月举办的技术论坛,冯氏集团相关业务部门的领导人都会参加,并且与初创企业的嘉宾们进行沟通、交流和对话。在利程坊举办诸多主题峰会的过程中,冯博士还会抽出时间出席峰会,并且在峰会上发表主题演讲,表达对利程坊的支持与期待。

又例如,上海仪电的云赛空间得到了集团总裁、副总裁的大力支持。在访谈中我了解到,几乎每个月,上海仪电的总裁、副总裁都会陪同政府部门的领导及合作伙伴的高层领导,到云赛空间参观调研,并听取汇报。在平时的业务交流中,也会和合作伙伴积极推荐和介绍云赛空间。近年来云赛空间举办了一系列的活动,其中许多活动上海仪电的总裁、副总裁,或者高层领导都会莅临现场,并进行主题演讲。有时候集团领导甚至会全程参与活动,和与会嘉宾进行沟通和交流。这些都对云赛空间内部业务的开展,提供了许多直接和间接的支持。

再例如,某德国领先的工业企业,在中国开展开放式创新的初始,资源非常有限。其研发团队的副总裁在每次的管理层例会中,都会邀请创新团队的领导人参会,并向研发团队的管理层介绍中国初创企业在人工智能、移动出行、新材料等领域的领先技术和方案等,确保创新团队一直在管理层的关注之中。随着时间的推移,许多研发团队,甚至是业务部门的团队开始了解和熟悉这支创新团队,并且与之达成了合作,最后成功创新。

构建开放式创新的文化：领导层张开嘴，迈开腿

我认为，企业做好开放式创新的第一步，就是由公司的最高领导层带头和引领，并通过行动对开放式创新实践表示支持，逐渐在企业内部形成对开放式创新友好的氛围。

现在许多组织已经设定了清晰的（至少是书面上清晰的）使命愿景、价值观，但因为公司最高管理层平日的工作方式、言行举止、思维习惯及管理理念，依然是公司文化的重要体现，会在无形之中影响企业各个业务的开展及结果。因此，当公司的管理者和经营者决定拥抱变革，决定进行开放式创新实践的时候，就需要以自身的实际行动对开放式创新进行支持。

我并不认为在行动之初就需要设置总体框架、具体模式等，创新的过程往往会让这些答案自然浮现出来，最高领导层需要做的往往就是最容易的——张开嘴，迈开腿。

张开嘴是指，清晰地传递信息，表达对开放式创新实践的支持和肯定。

迈开腿是指，亲自参与开放式创新的具体实践，参与会议，发表演讲，进行讨论，甚至只是作为观众聆听，这其实是对工作层面的莫大支持，也是在向整个组织传递积极信号。

这些行动并不是只在短期内进行的，而是需要长期坚持和实践的，领导者需要持续向组织内部传递统一的信号，然后在时间的不断积累中，期待产生更好的结果。当然在此过程中，领导者还需要做好其他几方面的事情，这也正是之后几节需要论述的部分。

当然，如果领导者支持开放式创新，并将开放式创新的实践成果计入 KPI，

那自然是更好的选择。正如阿里巴巴创始人马云先生在"湖畔大学第一课"中谈到的:"文化,是考核出来的。如果你的文化是贴在墙上的,你也不知道怎么考核,全是瞎扯。"马云还在湖畔大学第五期的开学典礼上继续谈到:"在公司碰到困难的时候,才看到企业文化的重要性。"

　　构建开放式创新的文化,是企业做好开放式创新的基石。在这基石之上,开放式创新的实践还需要公司的创新组织去完成,那如何打造与发展创新组织呢?下面,我们的观察继续……

打造和发展创新组织

企业内部的创新部门，往往有许多无奈，面临许多冲突。

Robin 每次和朋友们说，他在某家德国工业集团任职时，都会引来一阵哄笑和嘘声。

在朋友们的心中，那家德国工业集团是精确的、严谨的，甚至是有些呆板的。进入这家公司位于北京的中国区总部，大楼的装修风格简洁、沉稳，恰如这家公司在大家心中的印象。目光所及，大部分员工都是西装革履、不苟言笑的。在前台完成访客登记之后，前台的女孩子会拿出贴纸，麻利地把访客手机的前后摄像头都贴上……

但 Robin 却永远是牛仔裤、篮球鞋、大方格衬衫，外加运动外套。我见过他唯一一次穿西装，是在他结婚那天，但是当时他下身却穿了七分裤和休闲鞋。这么看来，我从没见过 Robin 一身正装的样子。

我知道，Robin 在那家德国工业集团也是一个奇特的存在。他供职于工业创新部门，其实大部分时间都不在办公室，而是在拜访用户，做消费者调查，和外部的合作伙伴沟通交流……

有一天我和 Robin 的老板聊天,那位工程师出身的德国老先生 Matthew 永远西装笔挺。他说,公司需要 Robin 这样的年轻人,他们会不断带来新的视角、不断带来新的冲击,让公司永远有不同的声音,促使大家去思考、去坐立不安,不然公司里的人很容易就倦怠了,就远离市场了。

当然,Matthew 也叹了一口气说,工业创新部门也一直受到其他部门的诟病,因为这个部门似乎每年都需要花费不少预算,但是到底有多少成绩、利润能和工业创新部门的工作直接挂钩呢? Matthew 坦言道,工业创新部门现在得到了中国区 SVP(高级副总裁)的鼎力支持,但是之后如何发展,其实谁都不知道……

只要创新,为何把创新者也带来了?

亨利·福特曾经说过:"每次我只需要一双手,但是为什么他们把脑子也带来了?"估计许多企业的经营管理者也曾经在心里默默念叨:"我只需要创新,但是为何每次都把创新者也带来了?"

人们往往会认为,创新者和大企业之间是天作之合。大企业缺乏创意,但是渠道完善、目标客户清晰,许多创新者——无论是内部创业者还是外部创业者——充满创意,但往往需要借助成熟的渠道和清晰的客户群体才能实现业务的落地和拓展。简单来看,似乎双方优势劣势完全对位,能带来很强的互补效应。

但是在许多实践中,大企业和创新企业似乎如同油和水一样,总是存在明显的分层,很难融合到一起。究其原因,我认为是不同的基石假设使得双方无法完全融合。

大企业的基石假设是风险管控。许多优秀的企业往往在内部有成熟且历经市场和时间检验的流程。公司通过完整的计划、深入的市场分析、坚定执行的策略，再配合以 KPI 绩效管理，确保企业的计划和决策可靠，风险可控。从泰勒的科学管理、亨利·福特的流水线，到之后的信息自动化办公，再到 20 世纪 90 年代麻省理工学院的迈克尔·哈默（Michael Hammer）和詹姆士·钱皮（James Champy）两位教授提出的业务流程重组（BPR）及之后兴起的业务流程管理（BPM），都是在不断强调流程对企业经营管理的重要作用。

而创业者的基石假设是快速成长，是速度。无论内部创业者还是外部创业者，都希望自己的想法可以被快速检验，然后充满活力和激情地将此迅速扩大，获得成长。安迪·格鲁夫（Andrew Grove）在 2010 年彭博社的一篇时评中说道："规模扩张是一项艰苦的工作，但它是创新起作用的必要前提。"里德·霍夫曼在《闪电式扩张》中也提到："互联网的高速性产生了许多二阶效应（Second-order Effects），改变了企业和组织的增长方式……对企业最重要的影响或许是所谓的网络效应的重要性和普遍性的上升。"

这一快一慢，导致许多看起来是天作之合的大企业与创新企业合作起来往往磕磕碰碰，而且常常无疾而终。

但同时也非常矛盾的是，许多企业在面对市场竞争及对未来的不确定性的恐惧时，依然要选择创新这条道路。而且常常由于自身创新能力的短板很难在短时间内补上，更需要进行开放式创新实践，与外部创新生态系统的伙伴们合作共赢。如何让大企业和创新者们可以互动、交流，乃至于合作，就成为实践开放式创新时一个绕不过去的问题。

于是，在大企业内部，负责与外部创新生态系统对接的创新部门的重要性，就越发凸显出来了。创新部门领导人也越来越受到大家的关注和重视。

可遇不可求的公司创新部门领导人

在开放式创新的实践过程中,大企业的创新部门往往扮演着"桥梁"和"翻译官"的角色,沟通着大企业的各个部门——特别是研发部门——与外部的创新生态系统。我在上文中已经论述过,大企业和创新企业由于基石假设的不同,目标和行为模式上存在着诸多根本性的差距,在合作过程中常常会出现许多的不匹配。在这种情况下,创新部门的领导人往往就需要承担沟通和融合工作,而且是融合"油"和"水"的工作。

我通过走访、调研和观察,发现在开放式创新实践中表现出色的公司创新部门领导人往往是内外兼修、内心坚定的,他们总是具备三项基本要素,分别是:对公司及创新的热情,熟悉公司的文化及内部流程,敏锐把握创新的趋势和方向。

首先,表现出色的公司创新部门领导人,都对自己所服务的公司及创新表现出超越常人的热情。他们明白创新对公司的重要性,同样也愿意以自己的"企业家精神"来探索在公司流程和框架内践行创新的方式。

其次,这些领导人,大部分在公司都有五年以上的管理经验,对公司文化及内部流程非常熟悉。他们也了解如何推动创新项目在公司内有所进展,甚至有些时候,他们还了解流程中的"隐藏关卡",在紧急情况下可以帮助创新团队加速通过流程。有些公司创新部门的领导人还是非常资深的领导人,他们可以和公司的高层领导直接对话,或者通过公司内部网络得到高层领导的支持,获得实践开放式创新所需要的资源。

最后,这些领导人对外部的技术与商业模式有非常强烈的好奇心,希望通过沟通、交流和学习,把握创新的趋势和方向。在此基础上,他们也勤于思考,希望寻找和探寻这些新的技术和商业模式与公司战略方向的契合点。

正是由于创新部门领导人具备这些特质,所以他们可以在公司内部获得支持,同时也能找到外部新技术和新商业模式与公司战略方向和业务的结合点,使得方案和项目更容易在公司的流程框架内顺利推进。

在案例中习得:内外兼修的创新部门领导人

从前面几个章节的案例中,我们可以看到,诸多企业的创新领导人在公司实践开放式创新的过程中所起到的积极的推动作用。

我们首先以飞利浦中国"创新带领人"曾博士为例。

飞利浦在全球各个创新中心的"创新带领人"负责"创业公司加速营"项目的开展,寻找优秀的创业公司,驱动飞利浦与之进行合作。截止到 2020 年,曾博士服务飞利浦已经 20 年,对公司的战略、文化、重点发展领域、组织和流程都非常熟悉,而且更为重要的是,基于这些知识积累,以及与相关同事的沟通和交流,曾博士非常善于找荷兰总部确定的创新主题与中国本土市场的结合点。

基于这些结合点,曾博士与相关部门的同事们积极沟通,在飞利浦全球创新主题的基础上,找出那些和飞利浦中国密切联系的题目。正是因为这些创新题目与飞利浦中国的业务部门关系密切,所以飞利浦中国的相关部门对"创业公司加速营"给予了很大的支持。

另外,曾博士还会带领团队,在前期详细的调查和研究的基础上,和入营的创业公司做深入沟通,充分了解创业公司的技术和潜在应用领域,并以此为基础积极挖掘创业公司和飞利浦中国潜在的合作机会,使创业公司和飞利浦中国的相关业务部门可以就合作领域和合作方式等开展多次有针对性的讨论。

我们再以 BP 为例。

在发布《全力推进能源转型报告》之后,BP已经开始积极运作,在中国成立与移动出行相关的部门,并且使该部门由经验丰富的中国管理团队管理。创新部门的领导人在 BP 中国工作已经超过 15 年,曾经在多个业务部门担任重要领导岗位,所以对 BP 公司及 BP 在中国的发展方向,有着非常清晰的了解和认知。

同时,这位领导人对外部的创新技术和商业模式有着浓厚的好奇心和学习的热情。在 BP 开始在中国组建与移动出行相关部门的 2017 年年底,这位领导人已经开始和行业领头羊、国内领先的投资机构和创新企业进行接触和交流。

创新团队的组建

大企业的创新团队,常常是一个规模非常小,但是灵活、敏捷、战斗力极强的团队。从我调研的结果来看:超过 80% 的受访企业,创新团队(此处更多指的是实践开放式创新的创新团队,不包括一般归属于研发部门的创新团队)的总人数小于 5 人;其中有超过半数的公司,创新团队的总人数就在 2~3 人。

从公司的角度来说,创新团队更多具备进行前瞻研究和探索的属性,无法在短期内创造肉眼可见的商业利益。特别是在市场日趋从"增量市场"向"存量市场"转移的过程中,公司更加不会投入较多的资源——特别是资金和人员方面——来支持创新团队。

从这个角度来说,我们更需要尊重和敬佩公司创新部门的领导人。不少创新部门的领导人之前都在研发部门或者业务部门担任重要的领导工作,但是来到创新部门之后,相当于从过往非常科层制的部门机构直接到了管理非常扁平化的"特种部队",其直接下属的人数锐减。

在创新部门领导人到位之后，之后的 2～3 位创新部门的工作人员，一般通过在公司内部进行挑选和选拔得到。公司会挑选那些对创新有热情，沟通能力较强，又希望接受挑战的年轻员工。他们一般在公司内部有 2～3 年的工作经验，对公司的流程等也有一定的了解。这些工作人员一般会承担非常多样化的工作，从前期的研究到过程中的许多沟通、交流工作，乃至后期与公司内部的合作事宜等，他们在工作中都会涉及。

创新部门的工作，对于这些年轻的员工而言，也是快速成长的契机。以华润集团为例，华润集团"润加速"里几位进行日常运营管理的团队成员几乎都是 90后，但是在这个过程中，他们都有了很大的提高，现在已经可以独当一面，承担"润加速"在粤港澳大湾区诸多空间的运营和管理工作。从 2018 年开始，"润加速"诸多 90 后的"后浪"们，在华润大学的指导、帮助和支持下，开始承担起"润加速"的许多工作，服务范围也延伸到了巨型央企华润集团的整个产业版块。

此外，大企业和高校、研究机构的合作，同样是选拔未来创新团队成员和领导人的重要渠道。以巴斯夫为例，NAO 的博士后项目是巴斯夫在亚太地区与顶尖学术机构合作与联系的重要组成部分。每年，NAO 团队都会根据研发团队和业务部门的需求，加上对前沿技术发展的研究，向学术界的教授或研究人员提出多项课题，招募合作的学术机构的博士后对课题进行研究。有不少曾经参与NAO 博士后项目的优秀科研人员，在出站后加入了巴斯夫。其中有几位后来还加入了 NAO 项目，对巴斯夫和亚太地区顶尖高校和研究机构的开放式创新实践进行帮助和支持。

在案例中习得：与公司母体的距离

彼得·德鲁克曾经在谈及企业的创新问题时谈到："只要我们仍用已有机构来承担企业家与创新项目，则注定失败。"这是为什么呢？

德鲁克的另一段话也许可以给我们启发,他说:"新的业务与正当壮年的现存业务相比,总是显得那么微不足道,希望渺茫。"

在诸多商业实践中,我也观察到,已有的机构在承担创新项目时,在认知和操作层面都以现存业务的模式对创新项目进行管理,而在这些机构的认知框架内,创新项目都是"希望渺茫"的。

例如,柯达的相机工程师史蒂文·赛尚(Steven Sasson)在 1975 年已经成功开发了世界上第一台数码相机,但是柯达公司高层担心数字业务会影响传统的胶片业务的发展,所以给予了数码相机这样的评价:"这个东西看着不错,但是千万不要和别人提起它。"

又例如,在 2004 年,诺基亚已经占据了塞班公司 47.9% 的股份,主导了塞班手机操作系统的运营。但是 2005—2007 年 3 年的时间内,诺基亚的技术人员已经多次报告说:塞班系统很难再加载新的核心功能,也无法适应智能手机,建议重新开发系统。但是经过多次讨论,诺基亚最后决定沿用塞班系统,只对其进行改良。2007 年,搭载 iOS 系统的 iPhone 上市,诺基亚开始走下坡路。时任诺基亚董事长,曾经缔造"诺基亚神话"的约玛·奥利拉(Jorma Ollila)在 2012 年卸任诺基亚董事长之后感慨道:"我们是自身成功的囚徒。"2013 年,诺基亚手机业务被微软收购。

柯达和诺基亚,本来已经一只脚踏进了新时代,但因担心影响目前的主营业务而退缩,结果是输掉了未来。

亚马逊开发 Kindle 则呈现出不同的景象。开发 Kindle 的 Lab126 团队一开始是在距离亚马逊总部所在地西雅图 1000 千米的加州帕罗奥多找了一间空的办公室,后来在 Kindle 业务逐渐发展壮大之时,也依然远离西雅图大本营。现在亚马逊的设备部门(专注于电子阅读器 Kindle 和智能音箱 Echo)主要位于加州的森尼韦尔(Sunnyvale),Kindle 团队(专注于软件开发、项目管理及财务、市场等工作)在西雅图的办公区也和亚马逊其他办公区完全隔离,亚马逊的其他员工无法使用公司的工卡进入这一区域。

由此引发的问题是:公司的创新团队应该与公司母体保持怎样的距离?需要完全分开吗?那如何更好地借助公司现有的资源呢?

我比较认同的观点是:当创新团队的工作内容和公司的主营业务存在比较大的差异时,创新团队适合远离公司母体运营;如果和主营业务相近或者具有显著的协同效应,则适合寄居在公司母体内进行运营。

以博世"Shanghai Connectory"为例。

作为博世全球第五家、亚太首家创新孵化基地,博世"Shanghai Connectory"入驻上海漕河泾宝石园,与博世中国所处的虹桥临空经济园区大约相隔 10 千米的距离。这个基地不仅承担了博世业务部门和外部创新企业相连接的工作,同时还承担着博世内部创新团队的孵化加速工作。

作为一家全球知名的工业企业,博世的众多业务大多以 B2B 形式开展。但是博世内部也有许多创新团队,他们正在研究的更多是面向终端消费者的产品。从这个角度来说,远离公司母体,可以让这些创新团队更加贴近市场,更加方便调研,以了解客户需求。

近年来,许多企业也在研究创新团队如何与母体建立新的良性关系,同时也和外部创新生态系统有更多的联系、沟通和交流。以英特尔为例,英特尔中国的创业项目 I2R,就和上海著名的创新加速器 XNode 进行合作,在 XNode 创新空间设立专属的办公室。每次入选 I2R 项目的团队都可以预约入驻 XNode 的创新空间,并在此进行项目讨论或者外部会议。在 XNode 的创新空间内,还有其他诸多创业企业及其他大企业的创新团队,英特尔中国的创新团队可以在这样的环境中和其他创新、创业者共同交流、碰撞,启迪灵感。

构建开放式创新的企业文化是企业实践开放式创新的基础,而打造和发展创新组织则是实践开放式创新的主体和骨架。创新部门的领导人既需要有对创新的热情,同时还需要"内外兼修",对公司内部和外部都有很高的熟悉度。

整个创新团队是非常敏捷、灵活和扁平的组织,对创新有热情的年轻人将会是组建团队时可以重点考虑和发展的对象。同时，他们也将组成未来"创新领导人"的人才库。

虽然很多企业的管理者和经营者希望寻求一种一劳永逸的方法论、模式，甚至是秘诀，如此就可以实现"即插即用"，甚至达到"药到病除"的效果。但是综合我的研究和观察，企业实践开放式创新，是需要一定的时间及资源积累的。而且在发展的过程中，还会出现许多需要"一事一议"的问题。对于企业的管理者和经营者来说，对开放式创新进行实践时，需要保持关注，保持灵活，然后快速迭代发展。

打好了基础，找到了主体，之后就需要通过不断探索、试错及重构来实践开放式创新了。在实践的过程中，还有哪些需要我们特别关注，并持续改善和提高的呢？下面，我们的观察继续……

获取内部支持快速起步

文琴 2019 年离开了她工作 6 年的投资机构,来到一家著名的美国工业企业,担任其大中华区的创新变革总监,负责公司战略的副总裁希望文琴可以帮助公司在大中华区范围内搜索适合公司战略发展的新技术和新商业模式,驱动公司的战略变革和转型。

在新公司的第一个月,文琴带领团队对人工智能、机器学习等底层技术做了许多研究,并且依靠自己过去的人脉,做了许多创新公司高管的访谈,最后形成了一份研究报告。

其间,团队成员也和文琴建议说,是否应当选择更加贴近公司业务的技术。但是文琴认为,公司目前应该寻找的是具有"颠覆性"和"通用性"的底层技术。在和朋友们聊天的时候,文琴也说出了自己的困惑,这家美国工业企业的产品线过于复杂,涉及的领域横跨化工、建筑和汽车,内部一共有 4 个业务单元,彼此之间的具体业务和工作风格也有很多的不同。她非常希望自己能够切实帮到业务部门,但是她非常苦恼,不知道应该从哪一个业务部门入手,所以她选择了从通用性技术起步,希望可以从这个角度给予业务部门启发。

之后的几个月,文琴带着团队做了很多研究工作,和各个业务部门的负责人进行了沟通,获得了很多反馈。业务部门负责人表示,这些新技术对他们来说非常新,也带来了很多启发。之后的几个月,业务部门给文琴及其团队提了许多需求,有做研究的,有做创新公司对接的,文琴渐渐感到充实,也时常会感叹人手不够。

但是某一天,负责战略的副总裁却来到文琴的办公室,表示自己对她目前的工作不是很满意。文琴说出了自己的疑虑,副总裁坦言,其实公司更希望文琴及其团队在大中华区寻找优秀的创新公司,看看是否可以通过战略合作甚至是兼并收购的方式,为公司打造新的增长引擎。"从 CEO 的角度来说,现有的业务都已经非常成熟了,但这也意味着现有业务的增长潜力非常有限了。公司在美国有一位创新变革总监,在大中华区有你,因为我们相信,以后公司的创新业务,也许就在这两个区域萌芽。"

找到合适的"赞助人"

"史蒂夫·布兰克在书中提出了包含客户探索(customer discovery)、客户检验(customer validation)、客户培养(customer creation)及组建公司(company building)在内的四项创业步骤。

但是细心的读者可能会发现,在客户探索章节有一处非常容易被大家忽视的内容,那就是——阶段 0(phase 0):争取支持(get buy-in)。也正是因为这个有意或者无意的忽略,许多企业内部的创新团队,无论是传统的产品研发创新团队,还是开放式创新团队,在一通忙碌之后,获得的反馈往往不尽如人意。

正如我在前文中叙述的那样,许多时候企业的管理层和领导层进行创新的真实原因是,他们对市场的不确定性和波动感到恐惧和一筹莫展,对层出不穷的新技术和新商业模式感到困惑,他们害怕自己的企业、自己的业务以一种身不由己的方式被快速颠覆。

但是对他们而言,过往的成功经历已经让他们的思维陷入惯性,即使许多企业的管理层和领导层已经懂得通过学习和自我提升,以更为开放的心态迎接创新,但是对未知的创新旅程,他们有所犹豫、有所忐忑是在所难免的。

这份犹豫和忐忑,可以从以下这一则商业历史片段中看出。2020年3月28日是中国领先的汽车品牌吉利汽车收购瑞典豪华汽车品牌沃尔沃汽车10周年的纪念日,吉利汽车创始人、董事长李书福先生,在决定收购沃尔沃前夕,对团队发表了一番肺腑之言,这次谈话在10年之后被首次披露。

李书福先生表示:"如果选择收购(沃尔沃汽车),我也许会倾家荡产,我的身家性命都放进去了。你们都是职业经理人,如果吉利收购沃尔沃经营失败了,你们还可以去别的企业高就,而我就真的没有机会了,我只能回家种地了!"

所以,对于企业的创新团队而言,在开始行动之前,务必要理解公司管理层和领导层对创新业务和创新实践内心的忐忑,需要以更为主动和开放的态度,在公司内部找到合适的"赞助人",帮助团队走好第一步。

合适的"赞助人"需要包括两类管理者,首先是高层管理者,其次是合适的中层管理者。高层管理者可以给予创新团队的支持主要是方向上的支持,而合适的中层管理者则可以在日常的运营中,帮助创新团队排除问题,并且在解决问题的过程之中给予创新团队帮助和指导。

高层管理者的支持对于创新团队来说是必须项。在前面的章节中我已经谈到,在企业内部实践开放式创新,必须要得到高层的支持,才有可能自上而下推动创新。高层管理者的支持可以使创新团队得以组建,获得初期所需的预算、人员配置等。从这个角度来说,高层领导人是创新团队第一个,也是最重要的"赞助人"。

创新团队的领导人一定要和高层管理者这位(或者这几位)"赞助人"进行充分的沟通,了解他们的预期,并且通过自己的专业能力及对创新领域的专业见解管理他们的预期,让"赞助人"了解在一定时间内,可能获得的结果。而在和"赞助人"沟通的过程中最重要的是,创新团队需要了解:高层管理者希望通过创新团队,检验哪些假设;为什么需要检验这些假设;之后采用的方法和手段会是哪些等。

虽然创新团队的领导人大概率已经对精益创业、敏捷管理等概念烂熟于心，但是和"赞助人"沟通，最为稳妥的依然是遵循公司内部的报告流程和汇报格式。在和"赞助人"汇报的时候，如果创新团队已经进行了市场走访和消费者访谈，重要假设已经得到了部分数据的支持，这无疑是加分项。

获得了高层管理者的支持之后，请不要立刻欣喜若狂地召集团队，准备大干一番。因为太多太多的过往实践和案例表明，在开始创新项目的第一天，就有无数无法预计的问题扑面而来，其中最为常见的就是复杂拖沓的内部流程造成的问题。这时候创新团队的领导人会发现，仅仅有高层管理者的支持是远远不够的，因为他们不会有太多的时间来解决日常事务性的难题。日常运营中的难题，需要第二类"赞助人"来给予创新团队支持和帮助。

最完美的第二类"赞助人"，最好来自业务部门，他们需要足够资深，但是也不需要太资深。

"最好来自业务部门"是因为，即使是最高层领导人推动的创新项目，也有很大的可能性被划归某个业务部门或者某条产品线，因此在初期就获得业务部门领导人的支持，不仅可以收获许多来自业务部门的见解和观察，而且还可以借力业务部门的网络，进一步开展市场观察和消费者访谈等工作。

"需要足够资深"是因为，创新项目在运营过程中，遇到内部流程方面的阻碍时，这类"赞助人"可以疏通关系网络，帮助创新团队解决问题，或者至少是给予创新团队建议，帮助创新团队加速解决内部的问题。

"不需要太资深"是因为，创新领导人及创新团队最好和第二类"赞助人"有非常深度的交流和沟通，最好可以邀请他们参与一些日常的会议和讨论，让第二类"赞助人"了解项目的进展、问题、背后的原因等，更加深刻地理解项目的意义，从而给予支持和帮助。所以我们也就可以理解为什么第二类"赞助人"不需要太资深了，因为如果是"太资深"的"赞助人"，那他在日常的沟通和交流上花费的时间就会非常有限了。

选择第二类"赞助人"是非常考验创新团队领导人的功力的,这也体现了我在之前章节所提到的,表现出色的公司创新部门的领导人,大部分在公司有 5 年以上的管理经验,对公司的文化及内部的流程都非常熟悉,而且他们对组织内的管理人员也有很多了解,可以快速锁定那个担任创新团队和创新项目等第二类"赞助人"的人选。

在案例中习得:争取业务部门支持的重要性

从前面几个章节的案例中,我们可以看到,创新领导人和创新团队积极争取业务部门的支持并获得多方共赢成果的案例。

以米其林于 2019 年在中国的首期创新加速计划为例。

早在 2018 年的 12 月,米其林中国首期创新加速计划的筹备工作就已经开始。经过深度调研和内部沟通交流,米其林中国的 IPO 团队在 2019 年 1 月和 3 个业务部门举行了 3 次研习会,共同寻找客户的痛点和真正的商业挑战。

研习会由米其林中国的创新负责人和外部的专家学者共同主持,鼓励和引导业务部门的同事们从实践出发,思考哪些是客户真正的痛点。总共有 70 多位内部的业务骨干参与了研习会,其中各个业务部门的领导人及关键决策人悉数参与,并积极讨论和梳理。经过讨论和梳理,研习会从 100 多个商业挑战中挑选出 7 个作为米其林中国首期创新加速计划的招募方向。正因为和业务部门关系密切,在米其林开展中国首期创新加速计划的 5 个月的过程中,来自米其林业务部门的对接人及专家团队,全程参与其中。

再以"默克中国加速器"为例。

"默克中国加速器"评审团的成员由默克创新委员会的 6 位成员和各个业务

部门的高层组成。在确定入选第一期"默克中国加速器"的大名单之前,来自默克全球各业务部门的 30 余位专家,和入选"默克中国加速器"的 18 家企业进行了交流。经过一个下午和一个上午,每个创新团队都和默克的专家进行了至少 5 场一对一交流,寻找双方进一步合作的契合点。同时,双方在沟通交流的过程中,可以不断进行思想碰撞,寻找技术最合适的应用领域等。在此基础上,评审团成员综合创新团队路演环节的表现及 30 余位默克专家的评估,最终选择的 6 家企业,自然是众望所归了。

入选企业由于在入选之前就和业务部门有了接触和沟通,在日后继续与业务部门就合作方案进行沟通和交流就显得非常顺畅了。

起步:需要快速地取得一点成功

我曾经参与过一家全球著名汽车企业的内部战略讨论会,在会上,来自欧洲的年轻的创新领导人向公司亚太区的领导层侃侃而谈,畅谈创新商业模式的前景及对公司的重要作用。会议结束后,我们几位参与者悄悄打了个赌,说这个项目完蛋了,至少在亚太区完蛋了。一年之后,这个项目果然在公司内部悄悄走下了舞台……

许多创新实践者们,无论他们是自己创建公司的创业者,还是在大公司内部有着一颗创新之心的内部创业者,都秉持靠创新改变世界的理念,苹果、谷歌和脸书就是他们心中不灭的灯塔。他们心中一直回响着乔布斯当年邀请百事可乐总裁约翰·斯考利加盟苹果时所说的话:"你想改变世界,还是想卖一辈子汽水?"但是,现实却常常让这些创新者们愤愤不平、长吁短叹,进而斥责公司管理层、斥责投资人、斥责自己的合作伙伴和团队成员。

现实的情况是,用"情怀"来买单的消费者不是主流消费者,他们更为看重的是,产品和服务是否可以解决问题。梁宁在得到 App 开设的《产品思维 30 讲》的课程中,对此有更为详细和精辟的叙述,即产品和服务被消费者接受,需要满足消费者愉悦和爽的需求，或者降低消费者的恐惧。

现在再回到刚刚的例子：当来自欧洲的年轻的创新领导人在讲述项目未来的前景时，亚太区的领导层并没有觉得这个新的商业模式可以对现有的业务起到推动和促进作用，也就是说，并没有让他们愉悦或者爽；同时，面对市场的不确定性，新的模式也没有提供相应的解决方案来降低亚太区领导层的恐惧。加上还需要巨大的投资，所以在当时的内部战略讨论会上就早已经埋下了项目失败的伏笔。

所以，当大企业的创新实践者们完成了组队，正准备大干一场的时候，我总会"不合时宜"地建议他们说，今后的 6 个月，至少需要快速获得一个小的成功。如果真的可以创造一个颠覆式创新的案例，是幸运的，但这样的幸运也是可遇不可求的。在此之前快速获得一个小的成功，可以确保团队暂时安全，同时也为下一步的发展、为成为"成功案例"奠定些许基础。

什么是"快速的小成功"呢？我认为，企业创新团队在初期阶段（例如前 6 个月内），必须交付非常扎实的 MVP，而且通过 MVP 获取真实的数据，这可以使企业领导层（上文描述的第一类"赞助人"）和创新团队领导人了解，他们之前设立的假设在真实环境中是否成立。如果企业领导层对于 MVP 的概念不是特别清晰的话，企业创新团队还需要提前和企业领导层解释、说明 MVP 的意义及作用，并且在此基础上管理企业领导层的预期。如果可以实现这样的成果，那便可以认为，企业创新团队实现了"快速的小成功"。在此基础上，如果企业创新团队可以发掘领导层之前没有关注到的问题，并通过真实的数据给予其启发，那自然是锦上添花。

MVP 的概念是埃里克·莱斯在 2011 年出版的《精益创业：新创企业的成长思维》中提出的，并在之后迅速流行，成为精益开发（Lean）理论的重要组成部分。精益开发理论最初从丰田汽车的精益产品开发模式中总结得来，通过詹姆斯·沃麦克（James Womack）、丹尼尔·琼斯（Daniel Jones）、唐纳德·赖纳特森（Donald Reinertsen）、玛丽·帕彭迪克（Mary Poppendieck）、汤姆·帕彭迪克（Tom Poppendieck）等研究者的不断研究，应用领域逐渐从工业生产拓展到软件开发领域，强调快速应对变化并不断迭代，从而颠覆了传统的瀑布模型（Waterfall

Model)理论。埃里克·莱斯借鉴了精益开发理论在软件和互联网等行业的应用,将精益开发理论的应用范围进一步拓展——将其应用在产品开发和商业模式发展上。

MVP在大部分情况下是简单的,但它往往能用最低的成本,解决一个最核心的问题。MVP更深层的意义在于,它提供了最真实、最基础的数据,特别是顾客对产品、服务的反应等基础信息。即使一开始这些反应信息是负面的,也是非常有价值的,这些信息可以帮助创新团队思考未来的改善方式,或者使创新团队干脆在早期阶段就决定暂停这个项目。斯坦福大学的教授约翰·克朗伯兹(John Krumboltz)和赖安·巴比诺(Ryan Babineaux)在2013年出版了著作《做,就对了:斯坦福大学未曾公开的成功课》,在书中他们将"在错误中快速成长"作为硅谷快速发展的重要原因之一。

需要企业创新团队注意的是,基于MVP的"快速的小成功"是非常主观的判断,或者说,就是企业领导层(第一类"赞助人")的期望及主观判断。创新团队领导人在项目开始前,需要和企业领导层详细沟通,了解其期待,并对其期待做具象化的描述。此外,在项目开始的第一天,就需要和团队成员详细完整地沟通项目的重要意义,并且鼓励团队成员全情投入。就如同美剧中的试播集是剧方全情投入的结果一样——剧方甚至不惜重金邀请大牌导演来打造试播集,以此来赢得和电视网的合同——所以简而言之,创新团队一定要快速取得一点成绩,这是一个"Win or back home(晋级或者回家)"的淘汰赛。

所谓"万事开头难",企业在开放式创新实践的起步阶段尤为如此。这不仅仅在于,开放式创新实践需要在企业内部获得高层和业务部门的支持,才有机会艰难起步。也在于,创新项目的评价体系目前还没有被完全建立,评价标准往往是领导层的主观感受。因此创新领导人必须和"赞助人"沟通,管理他们的预期,同时在初期快速达成一个小成功,让公司内部都能看到创新团队的价值,继而获得进一步生存和发展的空间。

而这部分的技能,基本都属于"软技能"的范畴,是对创新团队领导人的考验。如果说之前"构建开放式创新文化"及"选拔与培养创新领导人"是公司高层管理者的任务,那"获取内部支持快速起步"则是创新团队领导人的任务。

　　而这份考验及成功之后的喜悦、失败之后的收获,不也是许多创新团队领导人当初离开业务部门或职能部门的高级岗位,投身企业开放式创新实践的原因吗?!

　　在艰难起步之后,其实真正的考验才刚刚开始。如何在探索的旅程中持续不断提升,使得开放式创新的观念被企业内部接受,并且帮助企业进行创新转型呢? 下面,我们的观察继续……

试错、探索与重构

    过去的 3 年,我每年都会找 Charles 请教。Charles 是我师兄,40 岁出头已经晋升为一家全球知名物流企业中国区的营销副总。但就在他晋升之后的第三年,他主动请缨,开始创建、打造并领导创新团队。从管理上百人的营销老大,到管理 10 个人不到的小团队——而且其中许多成员还是初出茅庐的大学毕业生,Charles 说,他想挑战自己,做些新的东西,看看自己是否还能像 10 年前那样,为公司走出一条新的增长道路。

    第一年我碰到 Charles,他在公司内部组建了一个创新小组,面向全公司征集创新方案。通过几轮筛选,创新方案的拥有者可以组建跨部门团队,进驻创新小组,在做好本职工作的同时,进行为期 6 个月的探索。如果创新方案的拥有者不愿意兼职,那创新小组的内部专家可以在取得认可的情况下,承接创意,进行独立的开发。

    第二年我再次和 Charles 沟通,他坦言之前的很多创新项目和业务脱节,在 6 个月之后,没有办法被业务部门认可,从而无法获得进一步的资金支持,也就无法再继续下去了。所以 Charles 在这一年修改了模式,他让创新方案拥有者在入驻创新小组之前,一定要获得业务部门的认可,而且半年之后依然可以获得业务部门的支持,才可以入驻创新小组。

    第三年的时候,我再次碰到 Charles,他苦笑着说,许多“创新项目”虽然得到了业务部门的认可,但这些项目其实本来就是业务部门正在进行的项目,这些项目团队入驻创新小组,很多时候是为了获得额外的资金支持,甚至只是为了获得创新部门的背书。同时,因为创新项目需要业务部门买单,所以几乎所有创新方案都着眼于解决眼下的问题,基本上很难谈得上是具有战略意义的创新。

我问 Charles,今后他会如何继续改进。他说,他在尝试把这两种模式结合起来。经过过去两年的积累,业务部门已经非常认可他和他的团队在项目发展过程中的价值,所以 Charles 考虑,或许可以向那些业务部门认可的项目提供创新咨询服务,借此收取孵化的费用——由认可这些项目的业务部门来支付。通过这笔钱和之前所取得的预算,Charles 就可以让创新小组探索那些真正具有前沿性的话题,并且独立自主进行产品的开发、测试、推广和上市。这部分工作将在一个新的法律实体内进行,和母公司分离开来。

开发—测量—认知

在过去几年调研走访的过程中,我遇到的许许多多的公司创新部门的负责人,都让我想起 Charles。他们对于创新充满热情,对于公司怀有深深的热爱,希望通过开放式创新的方式,帮助企业成长和突破。于是,他们开始了这场冒险。

的确,对于开放式创新模式的摸索,很多时候就是试验。因为基本上没有过往的经验教训或者数据可以借鉴参考,所有的开放式创新的实践往往都基于假设,甚至是一瞬间的念想。而之后的探索过程,也并不是在传统公司管理和经营体系下对公司战略决策的执行,而是对那些假设和念想的验证求解。通过这些试验,开放式创新团队可以积累真实的数据和反馈,然后依次修正假设,进而继续下一场试验。

埃里克·莱斯在《精益创业》一书中提出的"开发—测量—认知"不断循环的框架,正是许多初创企业或是企业的创新团队正在实践的框架。

埃里克·莱斯提到,在开发阶段,创新团队需要尽快开发出 MVP,并将其直接推向潜在顾客或是目标顾客,来评估他们的反应。在之后的测量阶段,创新团队需要通过各种测试来检验假设。在书中,埃里克·莱斯对测试指标提出了三个"可"的要求,包括可执行、可使用和可审查。在之后认知的阶段,创新团队需要基于前一阶段的测试,讨论是应该转型还是应该坚持。在书中,埃里克·莱斯强调,转型并不是扔掉以前所有的东西,重头来过,而是要重新利用已经开发和已经学习到的东西,寻找更加积极的方向。

我认为,创新团队在实践开放式创新的过程中,也可以借鉴"开发—测量—认知"的框架,做到快速起步,然后通过"小步快跑"的方式进行不断迭代。

第一,在开发前的准备阶段,创新团队可以参考我在前文中提到的"开放式创新五步骤"来评估公司目前所处的位置,并和高层领导人交流沟通,确认并管理"赞助人"期望达到的目标。在确认目标之后,创新团队可以选择依靠内部团队进行自我探索,同样也可以参考各个步骤,选择从合适的外部创新机构处获得帮助。

第二,在开发阶段,创新团队需要保持紧张的工作状态和极高的专注度(当然更需要许多的运气),来快速赢取一个小的胜利,让"赞助人"可以看到阶段性的成果。在这个阶段,业务部门的参与和支持是一个很好的加分项。

第三,在随后的测量阶段,创新团队需要借助阶段性的成果,向公司内的业务部门和主要职能部门做充分的展示,同时了解和收集他们的评论、建议和意见。

最后,创新团队可以根据这些反馈,讨论是应该转型还是应该坚持。如果选择坚持,那可以依靠这些反馈来不断改进;如果选择转型,则需要在前一阶段的基础上获得更为深刻的洞见,选择更为适合的发展途径。

在案例中习得："小步快跑"，不断迭代

从前面几个章节的案例中，我们可以看到诸多企业的创新部门"小步快跑"、不断迭代、不断演化的案例。

以海尔 HOPE 平台为例。

其实早在 2009 年，海尔已经成立了"开放创新中心"。该中心会根据海尔事业部的需求，在世界范围内探寻外部的技术和解决方案。在 2013 年 10 月，海尔 HOPE 平台正式上线，但是最初这个平台更像是"开放创新中心"的线上版，吸引的用户比预期要少。

短短 8 个月之后，海尔 HOPE 平台做了第一次升级（2.0 版本），增加了新闻模块和创新社区。在新闻模块，海尔 HOPE 平台提供与技术相关的新闻信息和行业信息；而在创新社区，用户可以进行讨论和信息分享。频繁的交流和思维碰撞，不仅可以帮助海尔的研发团队找到合适的技术提供者，同时也帮助技术提供者发现合适的合作伙伴，实现技术的商业化。原本单向的"发布平台"现在成为双向的"沟通平台"，这是海尔 HOPE 平台发展中的一个重要的转折点。

2015 年，海尔 HOPE 平台推出 3.0 版本，提出"创新合伙人"理念，同时把原本讨论和分享信息的创新社区升级为各领域专家进行知识分享和参与项目研发的交流平台。在这一次的升级过程中，参与方从机构拓展到个人，从单纯的需求发布，进化到社群交互和资源匹配。在 2016 年 12 月，海尔 HOPE 平台再次升级"创新合伙人"计划，对模式、组织和分享机制进行梳理，更进一步探索创新社群模式。

以米其林为例。

2014 年成立时,米其林创新孵化中心最初的关注点更多是通过 Innovation Works 创新孵化活动等聚焦内部创新团队的孵化,促成米其林员工商业创见的落地。在发展的过程中,米其林创新孵化中心团队敏锐地捕捉到外部优秀的初创企业可以帮助米其林试验许多新的商业模式,于是开始与外部初创企业增强沟通、交流和合作。在最初的几年,米其林中国更多通过参与加速器、孵化器等举办的创新加速活动,与头部创业企业建立联系,同时熟悉和了解创新孵化项目的运行模式。在做了充分准备的基础上,米其林创新孵化中心于 2019 年 3 月启动了首期中国创新加速计划。

以冯氏集团利程坊为例。

利程坊在设立初期,体现了替冯氏集团对新零售进行探索。在发展的过程中,利程坊的管理层已经关注到初创企业的蓬勃发展,于是他们开始思考如何将这些初创企业的领先技术应用到冯氏集团的各个业务版块。经过许多内外部的沟通和交流,利程坊决定与国内外知名孵化器、加速器进行深度合作。通过战略合作、资源共享,利程坊触达并邀请了很多在新零售方面领先的国内初创企业入驻,在空间内形成供应链、新零售、新科技的集聚。但是,利程坊并没有局限于"坊",在空间内形成了势能基础之后,利程坊开始通过"活动"和"项目"两个部分,搭建新零售生态系统与冯氏集团业务版块的桥梁。

在这个过程中利程坊还发现,要使供应链的整体效应提升,零售端只是一个开始、一个入口,之后还需要供应链上端物流、生产的及时响应,不然消费者的需求依然无法得到快速及时的满足。于是,利程坊还在策划新的实验室,包括物流端的实验室,甚至包括工厂端的实验室。我们可以想象,当跨区域的供应链被压缩在这些实验室,关键节点被抽离出来进行探索试验,当验证有效之后立刻进行产品探索,同时试验结果被输入到供应链的前端和后端,启发其他的想法在实验室内进行进一步探索和验证……这时,实验室、空间,以及利程坊正在运行的项目,就可以变成"活的"供应链实验室和场景了!

全球化与本土化

许多国外的企业中国区的创新团队，时常会在全球化与本土化之间摇摆，并且时常陷入与总部团队的争论之中。其实这两者并不是非黑即白、两极对立的，美国著名的专栏作家托马斯·弗里德曼（Thomas Friedman）在《世界是平的：21世纪简史》一书中，已经提出了"全球本土化（Glocalization）"的概念。"全球本土化"由全球化（globalization）和本土化（localization）组合而成，是指利用全球化思想进行本土化操作，实现"求同存异"和多元化平衡，而非东风压倒西风。营销学大师菲利普·科特勒在《营销管理》一书中也称赞"全球本土化营销（Glocal Marketing）"能带来许多好处，其中包括让消费者感觉亲近、让品牌能够获得更多市场份额等。

我认为，外资企业在中国进行开放式创新实践的过程中，也需要将全球化与本土化融合起来，而不是非黑即白地选边站队。中国团队当然可以简单地要求公司总部更加理解和尊重中国市场的特殊性，但也应该更加积极主动地和集团总部介绍这些特殊性，更重要的是介绍造成特殊的原因，并且在找到差异点的同时寻找平衡点。

首先，我建议中国的创新团队和公司总部的创新团队，应该有透明的交流和沟通，共同客观评价公司在母国和中国能够获得的创新优势。例如，硅谷在原创性商业观点、技术架构等方面具有优势，而中国的创新团队对本地初创企业、高校、研究机构、风险投资机构、消费者及政策的研究方面具有优势。那双方就可以基于各自的资源优势，共同划定决策的边界。

其次，中国的创新团队也可以向公司总部提出申请，以精益创业的方式，在某些领域先行先试。在先行先试的过程中，以真实的数据和反馈帮助公司总部更加清晰地了解中国市场的特殊性，并考虑在创新上注入更多本土化元素。

当然，许多优秀的企业已经或正在进行开放式创新实践经验的输出，将在中国试验并取得阶段性成果的经验在其他区域推广，形成从世界到中国、从中国到世界的双向驱动。

在案例中习得：本土化的试验和尝试

从前面几个章节的案例中，我们可以看到，诸多企业的创新部门如何在中国落地全球创新项目，并在探索中逐步加入本土元素，使之更加适应中国的开放式创新现状。

以戴姆勒 Startup Autobahn 为例。

在戴姆勒斯图加特总部推出 Startup Autobahn 之后，中国团队很快和总部进行了沟通。中国市场巨大的吸引力——特别是中国初创企业所具备的活力及当时的积极表现——和对戴姆勒的重要性，使得 Startup Autobahn 迅速落地中国。但是和戴姆勒斯图加特总部不同的是，戴姆勒 Startup Autobahn 在中国的运营，没有交给第三方创新孵化器，而是交给了戴姆勒 Lab 1886 在中国的团队。

在戴姆勒 Startup Autobahn 落地中国之初，Lab 1886 在中国的团队就积极和戴姆勒在中国的各个业务部门联系，获取各个业务部门的创新难点和业务诉求。2017 年第一期 Startup Autobahn 的业务诉求，包括智能驾驶、金融保险、市场调研等，都是来自业务部门的一线诉求。因为这些创新诉求和业务部门的研发、产品密切相关，Startup Autobahn 在 2017 年的综合表现得到了戴姆勒各业务部门的积极好评。

Startup Autobahn 的中国运营团队不仅着眼于打磨出色的"百日加速"项目，而且还利用国内创新创业的氛围及创新生态网络，积极提升 Startup Autobahn 在初创企业、风险投资、其他大企业内部及政府处的品牌知名度，建立起围绕 Startup Autobahn 的开放式创新网络。在 2018 年的 Startup Autobahn 路演日上，Startup Autobahn 推出了中文名字"星创高速"，并招募了在中国的首批战略合作伙伴。

再以 BMW Startup Garage 为例。

中国的团队在中国版 BMW Startup Garage，即宝马初创车库的进行过程中，举办了许多针对中国市场的优化和提升活动，其中包括专门面向中国初创企业的论坛等。同时在就创新项目所进行的合作中，引进了许多在细分领域领先的初创企业，使得"风险客户"模式在中国市场有了更为多样化和立体化的呈现。

连接成果与利润表

由于近年来外部环境发生了种种变化，企业对利润及现金流特别关注。在这样的背景下，我认为，企业的创新团队实践开放式创新时，需要特别关注自身所取得的成绩，特别关注自身所进行的实践可能对公司利润和现金流产生的影响。

首先，企业的创新团队在选择开放式创新的内容时，需要特别关注与市场及销售相关的内容。在外部情况不太乐观的背景下，如果选择对的切入点，可以提升公司的利润。例如，利用最新的科技手段，或者初创企业的行业解决方案，以可控的成本取得更好的销售业绩或者市场反馈，这将使得创新团队的工作获得高层领导者们更大的支持，也可以让业务部门及相关职能部门真切看到实践开放式创新可以给企业带来的积极成果，从而可以使开放式创新团队在日后可以更加方便地探索那些对企业长期发展产生积极影响的内容和领域。

其次，在实践开放式创新的过程中，需要严格控制每个阶段的投入，避免给公司带来额外的支出。在目前的情况下，需要对创新项目引入传统项目管理中的部分机制,例如在各个阶段设置阶段目标,界定明确的成果预期、时间节点及资源投入等。在实践的过程中,需要做好文档工作,用文档来描述每次创新探索和试验的假设、过程及结果。如果探索的方向符合发展的预期,则可以在此基础上加大投入,进入下一阶段的试验;如果不符合预期,则可以形成内部经验教训,增加团队的知识积累。

最后,在此基础上,创新团队还需要就这些在创新实践中积累的知识,包括试验的结果及试验过程中的经验教训,做更多的内部分享,使其他相关职能部门也可以从中吸取教训、获得启发,从而在之后的工作过程中不再重复相同的错误。自身减少浪费,帮助组织减少重复的投资,这也是创新团队可以为公司利润和现金流做的贡献。

简而言之,在目前的外部环境下,企业的开放式创新实践需要在短期和中长期给公司带来的贡献方面更加偏向前者,对利润和现金流形成更好的促进作用,帮助团队更好地获得生存和未来发展的机会。

持续行动

在《爱丽丝梦游仙境》中,爱丽丝发现无论她跑得多快,却几乎还是在原地踏步。红桃皇后解释说:"你必须不断奔跑才能够停留在原地,如果想要往前走,那你的速度必须是现在的两倍。"

受此启发,斯坦福大学的教授威廉·巴内特(William Barnett)在 2016 年出版的 *The Red Queen among Organizations : How Competitiveness Evolves*(我暂且译为《组织中的红桃皇后:竞争力如何演变》)一书中提出,虽然可以通过学习不断提升能力,但是在这个过程中,你的对手也会受到影响,大家都在不断提高生存能力,所以彼此都处在看似静止的状态。

如果类比来看,实践开放式创新其实是一场没有终点的比赛,大家都在过程中不断摸索、学习和提升。所以如果要选择用一个词组来形容开放式创新,那就是"持续行动"——持续不断地尝试、试验和摸索,形成适合自身团队的流程、习惯和方法论,然后继续打破惯性,继续重构,继续探索。

论述了"开放式创新的五个进阶步骤",以及实践开放式创新需要做好的四个方面,我这本书也来到了尾声。下一篇,我不再观察,只想和您聊聊,此时此刻依然徘徊和困惑的是什么……

尾声
Epilogue

再出发，十字路口的徘徊

从 2018 年到 2020 年，我们都曾经经历，也正在经历这从未经历过的大变局。

在 2018 年的前 3 个季度，我们目睹了互联网行业上演的资本狂欢：越来越快的 IPO 速度、越来越年轻的 IPO 企业震惊市场。在美国纳斯达克，2018 年 7 月，成立仅两年 10 个月的拼多多上市；2018 年 9 月，成立两年 3 个月的趣头条上市。在中国香港，小米、映客、美团点评、同程艺龙等纷纷上市。在 2018 年，港股 IPO 募资额超过 2700 亿港元，IPO 规模世界第一。

也是在 2018 年，许许多多的创业公司似乎"忽如一夜春风来"。众多的行业专家、初出茅庐的大学生、已经在硅谷声名显赫的华人精英，都纷纷投身创业的汪洋大海。而与此同时，许许多多国际知名企业，正在经历优秀人才流失的阵痛。

在它们的视线范围之外,突然涌现出众多的竞争对手,这些竞争对手打法变幻莫测,让许多国际知名企业的高管瞠目结舌。

那时候,无论是互联网新锐还是行业老将,都忐忑不安地讨论着一个话题——"传统行业的数字化转型"……

但是到了 2018 年年末,我们忽然发现,资本市场不再那么狂热了,许许多多曾经的"独角兽"渐渐变得黯淡无光,而中美两个大国之间越来越明显的贸易摩擦,也带给大家许多不安。

正是在这时,越来越多的大企业和创新企业渐渐走在了一起。三年之前,创新企业在大企业的眼中只是一个"小玩意儿"。一年之前,大企业出于对未知的恐惧及对新事物的好奇,开始向创新企业伸出橄榄枝,但是那时候,头部的创新企业纷纷忙着快速融资、快速 IPO,在它们眼中,大企业只是合作伙伴,而且是步履蹒跚的合作伙伴。

在外部环境正在经历百年未有之大变局的时候,大企业和创新企业因为各自的问题和相同的难题走到了一起,虽然看起来一个有新技术和新模式,一个有现成且完善的知识网络和客户资源,但是二者合作起来依然磕磕绊绊,常常一拍两散。

在创新生态系统的框架内,许许多多企业也开始入局,其中包括共享空间、加速器、孵化器、咨询公司、投资机构等。2018 年 8 月,曾经担任雅虎、微软、百度高管的陆奇博士出任最负盛名的美国初创公司投资孵化器 Y Combinator 的中国创始人和 CEO,那一刻,几乎全球最著名的创新生态系统玩家,都齐聚中国了。

但在此之后,创新生态系统随着市场的平淡,不再跌宕起伏、惊喜不断。2019 年 11 月,Y Combinator 正式撤出中国,陆奇博士和团队建立的奇绩论坛开始进行独立于 Y Combinator 的完全本土化的自主运营。进入 2020 年后,中美两国在科技领域的交流越来越受到外力的阻碍,本已经习以为常的交流、沟通、投资、合作等,似乎被一道看不见的门渐渐阻隔,留下许许多多的叹息。

　　2020 年伊始，全球都在经历新型冠状病毒肺炎的考验，各个国家的经济都受到严重影响，许多工作都因为疫情无法正常开展。更加令人担心的是，全球化出现了令人不安的逆向潮流，而且愈演愈烈。

　　开放、创新、发展，今后将怎样？我们的世界，会越来越好吗？

　　在 20 世纪 30 年代的大萧条时期，虽然也有不少学者呼吁，在经济衰退期，要继续加大在研发、创新方面的投资，以期抓住下一轮经济增长的机会。但是也有不少商业领袖对此提出质疑，他们希望企业更加谨慎，将投资推迟到市场恢复信心之时。学术界和企业界的争论纷纷扰扰，但是数据可以说明最后的结果：20 世纪 30 年代，美国设有研发机构的企业申请专利的数量，比之前 10 年低得多。

　　2003 年"非典"在中国肆虐之后所发生的事情则提供了另一个参照系。2003 年以后，电子商务、在线支付、物流等行业快速实现腾飞。在 2008 年经济危机之后，中国的基建投资增速直线上扬，高铁、电信基站等成为近 10 年来中国经济增长新的动力，也成为创新创业的基石。

　　历史只能带给我们启迪，不能推导出必然会发生的未来。对于未来，我笃信事在人为！

　　由于过去几年一直从事对开放式创新的观察和研究，我有幸和许许多多的企业领导人沟通、交流。他们坚信创新的力量，并且对许多过往的理论、他国的实践都做了深刻的研究，还根据自己企业的特征对他人的经验和实践做了优化和改善。我也看到越来越多的企业领导人，愿意以更加开放的姿态，让越来越多的创新生态系统参与方——包括高校、研究机构、创新企业、加速器、孵化器、投资机构等——参与公司的研发和创新过程。虽然过程中还有很多问题，需要进行更多的摸索和研究，但是征途已经开启，正在路上的人们满怀期待、心里有火、眼里有光！

　　100 多年前的 1918 年 11 月 7 日，梁济先生问他儿子梁漱溟先生："这个世界会好吗？"梁漱溟先生回答道："我相信世界是一天一天往好里去的。"梁济先生又答："能好就好啊！"梁济先生说罢便离开了家。这便是他留给梁漱溟先生的最后一句话。

3 天之后,梁济先生在北京积水潭投水自尽。

历史当然不能假设,不过我在想,如果那年梁济先生选择了另外的道路,3 年之后,他会有怎样的答案? 10 年之后,他会有怎样的答案? 30 年之后,他又会有怎样的答案?

时间总是神奇的,它终会告诉我们所有的答案。

所以,开放式创新在中国、在大变局的十字路口,会有怎样的演化和发展? 又会有哪些惊喜和哀伤? 让我们把这些问题交给时间,带着不安和期待!

参考文献
References

[1] Alexy O, Bascavusoglu-Moreau E, Salter A J. Toward an aspiration-level theory of open innovation[J]. Industrial and Corporate Change, 2016, 25(2): 289-306.

[2] Appleyard M, Chesbrough H. The dynamics of open strategy: From adoption to reversion[J]. Long Range Planning, 2017, 50(3): 310-321.

[3] Asikainen A L, Mangiarotti G. Open innovation and growth in IT sector[J]. Service Business, 2017, 11(1): 45-68.

[4] Blank, S. The four steps to the epiphany: Successful strategies for products that win[M]. Lulu Enterprises Incorporated, 2003.

[5] Bogers M, Chesbrough H, Moedas C. Open innovation: Research, practices, and policies[J]. California Management Review, 2018, 60(2): 5-16.

[6] Chesbrough H. Open innovation: The new imperative for creating and profiting from technology[M]. Harvard Business Press, 2003.

[7] Chesbrough H. Open platform innovation: Creating value from internal and external innovation[J]. Managed Runtime Technologies,2003,7(03):5.

[8] Chesbrough H, Vanhaverbeke W,and West J. Open innovation: Researching a new paradigm[M]. Oxford University Press on Demand,2006.

[9] Chesbrough H, Crowther A K. Beyond high tech: Early adopters of open innovation in other industries[J]. R&D Management,2006,36(3):229-236.

[10] Chesbrough H. Why companies should have open business models[J]. MIT Sloan Management Review,2007,48(2):22.

[11] Chesbrough H. The market for innovation: Implications for corporate strategy[J]. California Management Review,2007,49(3):45-66.

[12] Chesbrough H, Appleyard M M. Open innovation and strategy[J]. California Management Review,2007,50(1):57-76.

[13] Chesbrough H, Garman A R. How open innovation can help you cope in lean times[J]. Harvard Business Review,2009,87(12):68-76.

[14] Chesbrough H. Open innovation: Where we've been and where we're going [J]. Research-technology Management,2012,55(4):20-27.

[15] Chesbrough H, Brunswicker S. A fad or a phenomenon? The adoption of open innovation practices in large firms[J]. Research-technology Management, 2014,57(2):16-25.

[16] Chesbrough H, Vanhaverbeke W,and West J. New frontiers in open innovation [M]. Oxford University Press,2014.

[17] Dahlander L, Gann D M. How open is innovation[J]. Research Policy, 2010,39(6):699-709.

[18] Dobusch L, Kremser W, Seidl D, et al. A communication perspective on open strategy and open innovation[J]. Managementforschung, 2017, 27 (1):5-25.

[19] Garriga H, Von Krogh G, Spaeth S. How constraints and knowledge impact open innovation[J]. Strategic Management Journal,2013,34(9): 1134-1144.

[20] Goffin K, Mitchell R. Innovation management: Effective strategy and implementation[M]. Macmillan International Higher Education,2016.

[21] Lakemond N,Bengtsson L,Laursen K, et al. Match and manage: The use

of knowledge matching and project management to integrate knowledge in collaborative inbound open innovation[J]. Industrial and Corporate Change, 2016,25(2):333-352.

[22] Laursen K,Salter A J. The paradox of openness:Appropriability,external search and collaboration[J]. Research Policy,2014,43(5):867-878.

[23] Lichtenthaler U, Lichtenthaler E. A capability-based framework for open innovation:Complementing absorptive capacity[J]. Journal of Management Studies,2009,46(8):1315-1338.

[24] Lichtenthaler U. Technology exploitation in the context of open innovation: Finding the right 'job' for your technology[J]. Technovation,2010,30(7-8):429-435.

[25] Lichtenthaler U. Open innovation:Past research, current debates, and future directions[J]. Academy of Management Perspectives,2011,25(1): 75-93.

[26] Markides C C. Business model innovation:What can the ambidexterity literature teach us[J]. Academy of Management Perspectives,2013,27(4): 313-323.

[27] Miotti L, Sachwald F. Co-operative R&D:Why and with whom?:An integrated framework of analysis [J]. Research Policy, 2003, 32 (8): 1481-1499.

[28] Peng H,Sadowski B M. An exploratory case study on the formation and evolution of open innovation network[J]. Science Research Management, 2014,2014(8):51-58.

[29] Ries E. The startup way:How modern companies use entrepreneurial management to transform culture and drive long-term growth[M]. Currency Crown Penguin Random House,2017.

[30] Roper S,Vahter P,Love J H. Externalities of openness in innovation[J]. Research Policy,2013,42(9):1544-1554.

[31] Salter A,Criscuolo P,Ter Wal A L J. Coping with open innovation:Responding to the challenges of external engagement in R&D[J]. California Management Review,2014,56(2):77-94.

[32] Santoro G, Ferraris A, Giacosa E, et al. How SMEs engage in open

innovation：A survey[J]. Journal of the Knowledge Economy，2018，9（2）：561-574.

[33] West J，Gallagher S. Challenges of open innovation：The paradox of firm investment in open-source software[J]. R&D Management，2006，36（3）：319-331.

[34] West J，Salter A，Vanhaverbeke W，and Chesbrough H. Open innovation：The next decade [J]. Research Policy，2014，43（5）：805-811.

[35] Weiblen T，Chesbrough H. Engaging with startups to enhance corporate innovation[J]. California Management Review，2015，57（2）：66-90.

[36] Zobel A K，Balsmeier B，Chesbrough H. Does patenting help or hinder open innovation？ Evidence from new entrants in the solar industry[J]. Industrial and Corporate Change，2016，25（2）：307-331.

[37] 常博逸，刘文波. 轻足迹管理：变革时代的领导力[M]. 中信出版集团，2014.

[38] 陈钰芬，陈劲. 开放式创新：机理与模式[M]. 科学出版社，2008.

[39] 陈钰芬，陈劲. 开放式创新促进创新绩效的机理研究[J]. 科研管理，2009，30（4）：1-9.

[40] 陈劲，曾珍云. 开放式创新视角下中国企业 R&D 国际化的关键路径研究[J]. 科技管理研究，2011，31（3）：13-15.

[41] 陈劲，吴波. 开放式创新下企业开放度与外部关键资源获取[J]. 科研管理，2012，33（9）：10-21.

[42] 陈劲，梁靓，吴航. 开放式创新背景下产业集聚与创新绩效关系研究——以中国高技术产业为例[J]. 科学学研究，2013（4）：623-629.

[43] 克里斯·布拉德利，贺睦廷，斯文·斯密特. 突破现实的困境：趋势、禀赋与企业家的大战略[M]. 上海交通大学出版社，2018.

[44] 克莱顿·克里斯坦森. 创新者的窘境[M]. 中信出版集团，2014.

[45] 埃里克·莱斯. 精益创业：新创企业的成长思维[M]. 中信出版集团，2012.

[46] 高良谋，马文甲. 开放式创新：内涵，框架与中国情境[J]. 管理世界，2014（6）：157-169.

[47] 葛秋萍，辜胜祖. 开放式创新的国内外研究现状及展望[J]. 科研管理，2011，32（5）：43-48.

[48] 叶恩华，布鲁斯·马科恩. 创新驱动中国：中国经济转型升级的新引擎[M]. 中信出版集团，2016.

［49］李善友. 第二曲线创新［M］. 人民邮电出版社,2019.

［50］纳西姆·塔勒布. 反脆弱:从不确定性中受益［M］. 中信出版集团,2014.

［51］里德·霍夫曼,叶嘉新. 闪电式扩张:不确定环境下的急速增长策略［M］. 中信出版集团,2019.

［52］罗纳德·科斯,王宁. 变革中国:市场经济的中国之路［M］. 中信出版集团,2013.

［53］芮明杰. 中国新型产业体系构建与发展研究［M］. 上海财经大学出版社,2017.

［54］施展. 溢出:中国制造未来史［M］. 中信出版集团,2020.

［55］王雎,曾涛. 开放式创新:基于价值创新的认知性框架［J］. 南开管理评论,2011(2):114-125.

［56］尤瓦尔·赫拉利. 未来简史:从智人到智神［M］. 中信出版集团,2017.

［57］于开乐,王铁民. 基于并购的开放式创新对企业自主创新的影响［J］. 管理世界,2008(4):150-166.

［58］张震宇,陈劲. 基于开放式创新模式的企业创新资源构成,特征及其管理［J］. 科学学与科学技术管理,2008,29(11):61-65.

致谢
Acknowledgement

呈现在各位读者面前的这本书,是我对开放式创新这一理念的阶段性思考和研究报告,也是我个人的一段探索之旅。

很荣幸在学习、研究和工作的过程中,和许许多多开放式创新的观察者、研究者、实践者们同行,和他们讨论,听他们分享,向他们请教。许多他们的思考、他们的困惑,以及他们的破局努力,都被我尽力压缩在这 20 多篇案例故事之中。还有很多我们曾经一起交流讨论的问题、努力过后的遗憾及无可奈何,都被散落在本书的各处。他们的名字,我或许已经在书中提及,亦或许被我遗漏,无法一一列举,还望见谅。我希望,当他们看到这本书,翻到某些文字和段落的时候,可以会心一笑。

感谢我在求学和工作时的老师们、领导们、同学们和同事们,他们来自复旦大学、德国曼海姆大学商学院、同济大学、BP、罗兰贝格、沃尔沃汽车、佛吉亚等。感谢你们的指导、帮助、批评和指正。书中的许多观点都来源于向你们学习、和你们一起学习、研讨和工作过程中的收获和感悟。

特别感谢我的几位老师、前辈和领导,包括陈黎明先生、芮明杰教授、徐洁平先生、王欣先生和张延女士!曾经有幸向各位学习,我获益良多!感谢各位在百忙之中抽时间阅读我的书,为这本书写序、写推荐,并给予部分内容指正和点评。

感谢 FT 中文网的诸位老师,包括闫峰老师、闫曼老师等。感谢 36 氪的各位好友,包括宇阳、雨薇、璐洋等。感谢你们一直鼓励我用文字记录科技、创新与商业世界的连接,以及由此产生的思考和展望。你们的鼓励和支持让我一直在思考,一直在写作。

要感谢我的太太后歆桐!写作本书期间,我们的女儿黄炯宁来到这个美丽精彩的世界。太太一直理解和鼓励我,让我有足够的精力来完成书稿。要感谢我的岳父岳母,他们不辞辛劳地支持和帮助我,这份亲情着实难以为报。要感谢我的父亲母亲,当我为人父之后,我更加体会和感受到为人父母的不易,在我的成长路上,你们的付出太为厚重,我无以为报,唯有感谢。这本书献给你们,我亲爱的家人!

最后,感谢浙江大学出版社的顾翔老师、程一帆老师。你们的帮助使得本书可以以很好的面貌出现在各位读者的面前,你们费心了,谢谢!

要感谢的人实在太多,短短的致谢无法道尽,唯望此书可以对得起大家的期待和支持。

黄震

2020 年 8 月 9 日于上海